Reinhard Gehlen
Verschlußsache

Reinhard GEHLEN

Verschluß sache

v. HASE & KOEHLER VERLAG · MAINZ

© 1980 by v. Hase & Koehler Verlag, Mainz
Alle Rechte, insbesondere das der Übersetzung, vorbehalten
Gesamtherstellung: Neuwieder Verlagsgesellschaft mbH, Neuwied
Printed in Germany · 3-7758-0997-X

INHALT

»Dilettanten am Werk«
Gespräch mit Reinhard Gehlen 7

Ein »desolater« Dienst 15

Die Politisierung des Bundesnachrichtendienstes 25

Vom »Fall Guillaume« zur »innenpolitischen
Aufklärung des BND« 35

Die besonderen Beziehungen zur SPD 49

Verbindungen zur F.D.P. 57

Der Dienst und die Presse 61

Die Gefährdung der inneren Sicherheit 79

Wehner und Bahr –
Die Schlüsselfiguren der deutschen Ostpolitik 107

Die Bedrohung der freien Welt 125

»DILETTANTEN AM WERK«

Gespräch mit Reinhard Gehlen
über sein drittes Buch

Verlag: *Sie haben, Herr General Gehlen, Ihre Erlaubnis gegeben und schriftlich verfügt, daß einige Ihrer persönlichen Aufzeichnungen, Gesprächsprotokolle und andere Unterlagen, die sich noch in Ihrem Besitz befinden, nach Ihrem Tode in einem Buch veröffentlicht werden. Welche Beweggründe haben diese Entscheidung bestimmt?*

Gehlen: Ich mußte es mir versagen, zu meinen Lebzeiten in eine öffentliche Auseinandersetzung mit denen einzutreten, die in Wort und Schrift den von mir aufgebauten Dienst diffamiert und dadurch in seiner Leistungsfähigkeit erheblich geschwächt haben. Gegendarstellungen in welcher Form auch immer, die ich natürlich erwogen habe, wären Stückwerk geblieben. So glaubte ich mein Einverständnis geben zu sollen, daß einiges, was ich nach meiner aktiven Dienstzeit aufgezeichnet und zu treuen Händen hinterlassen habe, als Antwort und Richtigstellung publiziert wird.

Verlag: *Glauben Sie, Herr General, daß Sie damit auch den Wünschen Ihrer alten Mitarbeiter, die durch die Entwicklung im Dienst nach Ihrem Ausscheiden in vielen Fällen schwer getroffen wurden, entsprechen? Oder hätten Sie für immer schweigen sollen?*

Gehlen: Ich habe mir diese Frage vorher gestellt. Nach meiner Überzeugung, die ich oft genug und von manchen deshalb mißverstanden unter Beweis gestellt habe, steht es dem Chef eines Nachrichtendienstes gut an, geheime Vorgänge, insbesondere solche operativen Charakters, niemals preiszugeben. An dieser Einstellung hat sich nichts geändert. Das Besondere meiner Situation liegt jedoch darin, daß ich als Schöpfer und langjähriger Chef des Dienstes von meinem Alterssitz aus mit ansehen mußte, wie mein Lebenswerk Stück für Stück, Teil um Teil, zerstört wurde. Dilettanten waren am Werk, oft gleichzusetzen mit Saboteuren, die sich öffentlich der »Demontage des Dienstes« rühmten.
Kein Wunder, daß meine alten getreuen Mitarbeiter mich häufig gebeten, ja gedrängt haben, im Interesse des Dienstes öffentlich dagegen aufzutreten. Sicher haben manche von ihnen nicht verstanden, daß ich den Gegenspielern »auf der anderen Seite« nicht noch mehr Gelegenheit geben wollte, sich über die Entwicklung im Dienst zu freuen... Was Sie nun lesen werden, habe ich darum in erster Linie auch für meine früheren Mitarbeiter geschrieben.

Verlag: *Sie haben, Herr General, mit Ihren Äußerungen offenbar Einwirkungen angesprochen, die sich von außen auf den Dienst gerichtet und zu seinem Nachteil ausgewirkt haben. Können Sie dazu schon an dieser Stelle, sozusagen zur Einführung, Näheres sagen?*

Gehlen: Die Angriffe auf den Dienst sind von den verschiedensten Seiten vorgetragen worden. Dabei läßt sich, betrachtet man die Planmäßigkeit des Vorgehens, in manchen Fällen

eine Mitwirkung der hierzu geschaffenen Einrichtungen der östlichen Propaganda, Diversion und Desinformation nicht ausschließen. In Einzelfällen ist dieser Apparat als auslösendes Element erwiesen.
Schlimmer ist jedoch, daß sich zahlreiche Politiker und Publizisten im eigenen Lande an einer Kampagne beteiligt haben, die einer Hetzjagd gleichkam. Diese Helfershelfer kommunistischer Aktionen müssen beim Namen genannt werden, ob sie nun bewußt oder unbewußt der Sache des nachrichtendienstlichen Gegners nützlich waren.

Verlag: *Ist es richtig, Herr General, daß Ihnen nach Ihrem Ausscheiden aus dem aktiven Dienst vom Chef des Bundeskanzleramtes, Staatssekretär Dr. Schüler, schriftlich verboten wurde, sich in der Öffentlichkeit zu äußern?*

Gehlen: Der Chef des Bundeskanzleramtes hat mich, den ersten Chef des Dienstes, tatsächlich mundtot zu machen versucht. Seine mit Drohungen verbundenen Warnungen waren jedoch überflüssig: Ich hatte niemals vor, dienstinterne Geheimnisse preiszugeben. Und ich bin sicher, daß Herr Schüler dies auch ernsthaft niemals für möglich gehalten hatte. So war der Zweck seiner Maßnahme allzu durchsichtig.

Verlag: *Nun werden Sie, Herr General, einen Teil Ihrer Unterlagen zur Verfügung stellen und aus Ihren langjährigen Erfahrungen mitteilen. Welche Auswahl haben Sie im einzelnen getroffen?*

Gehlen: Ich möchte hierzu voranstellen, daß ich selbstverständlich darauf verzichtet habe, mich mit Verunglimpfungen und Verleumdungen auseinanderzusetzen, die meine Familie und mich persönlich betrafen. Gegen einzelne besonders infame Unterstellungen und falsche Behauptungen mußte ich mich gerichtlich zur Wehr setzen.

Woran mir in erster Linie liegt, ist der Versuch, die schlimmsten und gefährlichsten Behauptungen in ihrer zur Diffamierung und darüber hinaus Lähmung des Dienstes gewählten Form aufzuzeigen, ihre Hintergründe soweit möglich zu verdeutlichen und ihre Urheber beim Namen zu nennen. Sollte mir dieses Vorhaben in Einzelheiten und im ganzen gelingen, sehe ich eine Verpflichtung gegenüber meinen alten Mitarbeitern als erfüllt an.

Verlag: *Wollen Sie, Herr General, ein besonders aufschlußreiches Beispiel für die von Ihnen charakterisierten Veröffentlichungen mit schädlichen Auswirkungen auf den Dienst nennen?*

Gehlen: Unter allen diffamierenden Veröffentlichungen halte ich die Ausführungen des 1972 zum Präsidenten des Bundesamtes für Verfassungsschutz gerufenen Günther Nollau für besonders bemerkenswert. Er hat sich in seinem Buch »Das Amt«, das 1978 erschienen ist, in einer für ihn offenbar bezeichnenden Ausdrucksweise und in einer Tonart geäußert, die nur abstoßen konnte. Es handelt sich unzweifelhaft um einen plumpen Racheakt, der ein bezeichnendes Licht auf den Verfasser warf, ehe er verpuffte. Natürlich wußte ich vorher, wie sehr mich Nollau mit Haß verfolgte, seit ich ihn nach seiner angeblichen Flucht aus der damaligen SBZ als »Sicherheitsrisiko« eingestuft hatte. Seine angeblichen Konflikte mit dem Staatssicherheitsdienst der späteren DDR sind ebenso wenig bestätigt worden wie die Hilfeleistungen für Sozialdemokraten in der SBZ, die ihm das Wohlwollen und den Schutz der SPD einbrachten. Wer will es mir noch verdenken, daß ich zu Herrn Nollau – ebenso wie dem ersten Präsidenten des Amtes, dem nach Ost-Berlin übergelaufenen Otto John – keinen engen Kontakt hielt und persönliche Aussprachen vermieden habe.

Übrigens handelt es sich nicht um den ersten spektakulären Racheakt des umstrittenen SBZ-Flüchtlings. Im »Spiegel« vom 1. 11. 1971 war ausgerechnet Herr Nollau als »Rezensent« aufgeboten, um mein erstes Buch »Der Dienst« durch zahlreiche falsche Behauptungen und Folgerungen zu entwerten. Daß ihm dies nicht gelang – seine Haßtiraden bewirkten, wie so oft in derartigen Fällen, das Gegenteil – ließ Herrn Nollau nicht ruhen. Wo immer er Gelegenheit dazu hatte, verbreitete er Anschuldigungen, die in ihrer Diktion östlicher Desinformation entnommen sein konnten. So wunderte es mich nicht, als Herr Nollau in seinem – vom Titel her »dem Dienst« nachempfundenen – Buch »Das Amt« schließlich den Gipfel seiner verleumderischen Behauptungen als geübter Bergsteiger erreichte.

Verlag: *Welches Echo erwarten Sie, Herr General, nach dem Erscheinen Ihres dritten Buches?*

Gehlen: Natürlich rechne ich damit, daß auch dieses Buch massive Kritik auslösen wird, vielleicht sogar verbunden mit

Maßnahmen zur Einschränkung seiner Verbreitung. Denn es wird vielen gar nicht gefallen, was ich offen und nüchtern zu erklären habe.
Ich denke dabei natürlich auch an das unterschiedliche und aufschlußreiche Echo auf meine beiden anderen Bücher*. 1971 hatte das erste Buch »Der Dienst«, die Chronik der »Organisation« und des BND unter meiner Führung, breites Interesse gefunden. Daraufhin entschloß ich mich 1974 in einem zweiten Buch aus Lagefeststellungen und Analysen »Zeichen der Zeit« aufzuzeigen. Ich wählte hierfür eine Form der Darstellung, die allgemein verständlich sein sollte, nicht auf die Erwartungen mancher Experten ausgerichtet.
Es hat mich nicht verwundert, daß bestimmte Kritiker des ersten Buches ihre Ansichten über den »ewigen kalten Krieger« im zweiten bestätigt fanden. Die Mehrzahl der offenbar Getroffenen aber hatte bewußt versucht, das zweite Buch totzuschweigen und seine Verbreitung mit unlauteren Mitteln zu verhindern. Ich habe diese Verfahrensweisen wohl verstanden, weil zahlreichen Politikern und Journalisten, die sich in diesen Fragen als fachlich qualifiziert betrachteten, eine Konfrontation mit harten und unwiderlegbaren Fakten im Zusammenhang mit der äußeren Sicherheit unseres Landes nicht in ihr bisheriges Konzept paßte. Aus naheliegenden Gründen muß ich es mir versagen, an zahlreichen Beispielen nachzuweisen, welche »Zeichen der Zeit« sich im Verlaufe der vergangenen 4 Jahre (nach Erscheinen des Buches) bestätigt haben. Würde es nicht den Rahmen sprengen, wäre gewiß auch erwähnenswert, welche anderen von mir als langfristiger be-

---

* Beide erschienen im v. Hase und Koehler Verlag, Mainz.

schriebenen Entwicklungen noch heute in den vorgezeichneten Bahnen verlaufen.

Verlag: *Worauf also, Herr General, werden Sie den Schwerpunkt Ihrer Abhandlungen legen?*

Gehlen: Ich will versuchen, die negativen Beispiele aus der Vergangenheit zu benutzen, um zum Wohle des Dienstes und seiner Zukunft ähnlich schädliche Einflüsse und »Führungsmaßnahmen« für alle Zeiten auszuschließen.

Verlag: *Wollen Sie, Herr General, den Lesern deshalb vorenthalten, wie Sie zum gegenwärtigen Zeitpunkt die Gesamtentwicklung auf politischem, militärischem und wirtschaftlichem Gebiet sehen?*

Gehlen: Ich weiß, daß wenigstens eine kurze Lagebeurteilung von mir erwartet wird. Sie soll den abschließenden Teil des Buches bilden.

EIN »DESOLATER DIENST«

Nach der Regierungsübernahme durch die sozialliberale Koalition 1969 wurden von einigen Politikern, an ihrer Spitze Bundesminister Horst Ehmke als Chef des Bundeskanzleramtes, und in gleichlautenden Veröffentlichungen unzutreffende und irreführende »Feststellungen« über den Zustand des Dienstes bei meiner Amtsübergabe verbreitet. Sie haben zur Verunsicherung des Dienstes, die durch die zunächst angedrohten und später durchgeführten Maßnahmen zur Politisierung entstanden ist, wesentlich beigetragen. Mein Nachfolger, General Wessel, habe von mir, so hieß es, am 1. 5. 1968 einen »desolaten Dienst« übernommen. Daß dieser derart abgewertete Dienst schon kurz nach meinem Ausscheiden einen besonderen Beweis seiner Leistungsfähigkeit erbracht hatte, wurde bewußt verschwiegen. Daß vor allem Professor Ehmke seine abträglichen Behauptungen über den Dienst wider besseres Wissen in die Öffentlichkeit trug, ergab sich aus späteren Erklärungen, in denen er – weil es aus bestimmten Gründen opportun erschien – nunmehr den großen Erfolg des Dienstes unter Wessels Führung und seiner parteipolitischen Einflußnahme herausstellte.

Gemeint ist die umfangreiche Berichterstattung des Dienstes über die Invasion der Tschechoslowakei, die am 21. 8. 1968 die Weltöffentlichkeit erschütterte. Die vielfach geäußerte Überraschung hätten sich die Spitzenpolitiker des Westens, den deutschen Bundeskanzler eingeschlossen, freilich ersparen können... Der Dienst hatte mehrere Tage vor Invasionsbeginn deren Vorbereitungen erkannt und mit einer eindeutigen Lagebeurteilung gemeldet. Sie lautete in Kürze: Die an den Staatsgrenzen der ČSSR ursprünglich zu Manövern versammelten Truppen des Warschauer Paktes werden einmarschieren und am ersten Tag Prag besetzen. Das Informationsbild des Dienstes setzte sich, wie mir versichert wurde, aus zahlreichen Einzelmeldungen und zusätzlichen Erkenntnissen zusammen, die mit gewagten Sondereinsätzen im Grenzraum der ČSSR gewonnen werden konnten.

Die Auswertung des Dienstes unterstrich die militärischen Einzelnachrichten, die sich zwingend zum Mosaik zusammenfügten, durch eine nicht minder aussagekräftige politische Analyse. Sie ließ Dubček, der sich zur Unterwerfung anschickte, keine Chance, weil Breschnew entschlossen war, ein Exempel zu statuieren. Was später von allen Experten als »Breschnew-Doktrin« bezeichnet wurde, sollte – der BND-Beurteilung zufolge – gegenüber Tschechen und Slowaken zum ersten Mal demonstriert werden: Die unbedingte Geschlossenheit des kommunistischen Machtbereichs in Europa, die keine Abweichung zuließ. Nach der Invasion der ČSSR zur obersten Maxime erhoben, hat die Doktrin bis heute uneingeschränkte Gültigkeit.

In den Jahren danach ist viel darüber diskutiert und gerätselt worden, warum den Berichten und Analysen des Dienstes im August 1968 kein Glauben geschenkt wurde. Als Grund wurde immer wieder angegeben, daß weder die Amerikaner und unsere europäischen Verbündeten noch die Bundesregierung damit rechnen konnten, daß die sowjetische Führung unter Breschnew ohne Rücksicht auf die Weltöffentlichkeit gewaltsam handeln würden. Was nützte es – bei so viel Naivität –, daß der Dienst beinahe beschwörend an seiner Beurteilung festhielt – die Sowjets und ihre Verbündeten besetzten ihr »Bruderland«, der Westen reagierte aber lediglich mit lahmen Protesten.

Ich lese und höre manchmal, daß die sowjetische Führung von heute – mehr als 10 Jahre nach der tschechoslowakischen Tragödie – nach dem Prinzip der »friedlichen Koexistenz« in einem ähnlichen Falle die Weltöffentlichkeit respektieren würde. Das ist blanker Unsinn! Ich bin fest davon überzeugt, daß die Sowjetunion auch zukünftig in jedes Land ihres Machtbereiches einmarschieren, jedes Land besetzen wird, wenn sich der »Prager Frühling« wiederholen sollte. Eigene Wege mit einer Abweichung von der Generallinie des Paktes wird es nicht geben.

Doch zurück zu den wiederholt vorgebrachten falschen Behauptungen, der Dienst sei von mir in »desolatem Zustand« übergeben worden. Sie bezogen sich natürlich nicht nur auf die nachrichtendienstliche Leistungsfähigkeit, sondern auch auf die innerdienstliche Organisation und Personalführung. Ehmkes Forderung nach »mehr Transparenz« wurde, als es um diese wichtigen Fragen mit ihren vielen Problemen ging, durch die Weisung ergänzt, »übertriebene Sicherheitsbedenken und Vorstellungen aus der Vergangenheit« abzubauen und eine »durchsichtige Organisationsform« zu schaffen. Mein Nachfolger wurde ersucht, »Reformen«, die er 1968 begonnen hatte, »fortzusetzen und zu vollenden«.

In der Tat waren nach meinem Ausscheiden organisatorische Veränderungen im Dienst vorgenommen worden, die nicht mit meinen Führungsvorstellungen im Auslandsnachrichtendienst übereinstimmten. Dazu gehörte in erster Linie die Zusammenfassung mehrerer, mir bis dahin unmittelbar unterstellter Abteilungen und Unterabteilungen in vier große Abteilungen, die dem Dienstchef eine einfachere Führung ermöglichen sollten. Ich habe diese Umgliederung damals für falsch gehalten, weil sie allzu sehr rein militärischen Denkvorstellungen und Beispielen entsprach. Als Soldat und Generalstabsoffizier bin ich selbstverständlich dafür, in der ständigen, niemals abreißenden Diskussion um die zweckmäßige Organisation eines Auslandsnachrichtendienstes nützliche Möglichkeiten militärischer Ordnungsformen nicht außer acht zu lassen. Doch bleibt der Primat der nachrichtendienstlichen Tätigkeit für mich so dominierend, daß sich auch »Organisationsfachleute« stets danach richten sollten.

Mein Grundsatz war es, dem Dienstchef nicht nur große Abteilungen nachzuordnen, sondern ihm auch kleinere Abteilungen oder Unterabteilungen von besonderer Bedeutung unmittelbar zu unterstellen. Ich hatte dafür zwei Gründe, die mir bis heute niemand überzeugend zu widerlegen vermochte. Einmal war mir die Möglichkeit gegeben, auf eine größere Anzahl von Führungskräften unmittelbar einzuwirken und meine persönlichen Vorstellungen bzw. Forderungen zu erläutern. Die unmittelbaren Kontakte zu vielen wichtigen Mitarbeitern erleichterten mir selbstverständlich auch die Wahrnehmung meiner Fürsorgepflicht. Der andere, zweite Grund lag für mich in den nachrichtendienstlichen Vorteilen eines weniger perfekten Gliederungsschemas. Ich will versuchen, diesen Punkt so zu verdeutlichen, daß er auch für den Nichtfachmann verständlich wird.

Ich bin in all den Jahren an der Spitze der »Org.« (Organisation Gehlen) und später des BND davon ausgegangen, daß mehrere kleinere Abteilungen, selbständige Unterabteilungen und Gruppen mit besonderen Aufträgen den Dienst nicht nur beweglicher sondern auch sicherer machen. So entstand – wie mir oft zugeschrieben wurde, auf meine unmittelbare Veranlassung hin – eine gewollt undurchsichtige Organisationsform. Ihre Wirksamkeit wurde durch ein »Schottensystem« ergänzt, das die einzelnen Teile des Dienstes in der Pullacher Zentrale durch Sicherheitsvorkehrungen gegeneinander abschirmte. Das hatte mit Mißtrauen nicht das geringste zu tun – hier sollten vielmehr alle nur möglichen Maßnahmen getroffen werden, um den Dienst gegen ein Eindringen von Agenten gegnerischer Geheimdienste besser zu schützen. Denn, daß der Dienst damals ebenso wie heute Hauptangriffsziel der östlichen Spionage war und ist, steht außer Zweifel.

Nach meiner Überzeugung haben es mehrere nebeneinander tätige Abteilungen, selbständige Unterabteilungen und Gruppen mit besonderen Aufträgen den östlichen Geheimdiensten erschwert, nach erfolgtem Eindringen in den einen oder anderen Teil des Dienstes, Einblicke in größere Bereiche zu gewinnen. Und darauf kam es mir ja in erster Linie an. – Als Beispiel geglückter »Abschattung« erwähne ich auch in diesem Zusammenhang nochmals den »Fall Felfe«. Bekanntlich hat dieser sowjetische Spion als Hilfsreferent im Teilbereich der Gegenspionage dem Dienst schweren Schaden zugefügt. Ich habe darüber in meinem Buch »Der Dienst« ausführlich berichtet. Es hätte jedoch schlimmer kommen können, wenn es Felfe gelungen wäre, seinen Auftraggebern

Folge zu leisten und in andere, besonders abgeschirmte Bereiche der Zentrale einzubrechen. Dies wurde rechtzeitig vereitelt, Felfe bei wiederholten Versuchen abgefangen und schließlich gestellt. Nach meiner Ansicht ist diese Seite des schwerwiegenden »Felfe-Falles« auch deshalb erwähnenswert, weil er bei mancher Pressekampagne als eklatanter Mißerfolg des Dienstes herausgestellt wurde.

Natürlich weiß ich aus meiner eigenen Amtszeit nur zu gut, daß sich meine Forderungen nach Beweglichkeit und Flexibilität mit den administrativen Gesetzen und Bestimmungen oft nur schwer vereinbaren ließen. Häufig waren die Hürden der Bürokratie auch im Dienst sehr hoch und hinderlich. Doch zwang die Erfüllung des nachrichtendienstlichen Auftrages zu Einsichten und Hilfen, denen sich letzlich keiner zu verschließen vermochte.

Was ich als Grundsätze nachrichtendienstlicher Führung in der Zentrale festgelegt hatte, galt selbstverständlich auch für den Außenbereich der Nachrichtenbeschaffung. In diesem weiten Feld haben sich im Laufe der 70er Jahre Veränderungen ergeben, die sich erheblich von meinen Vorstellungen entfernten.

Sie konnten wohl nur entstehen, weil der – abwegige – Gedanke immer stärkerer Zentralisierung weiter um sich griff. So wurde argumentiert, daß Auslandsverbindungen und Quellen des Dienstes leichter aus der Zentrale geführt werden könnten. Auf diese Weise sei es möglich, administrativen Gesichtspunkten vermehrt Rechnung zu tragen und die Kontrollen zu perfektionieren. Ich will nicht ausschließen, daß es in Ausnahmefällen zweckmäßig, ja notwendig sein kann, bestimmte Verbindungen auch aus der Zentrale unmittelbar zu führen. Diese Ausnahmen sollten aber – so war es auch zu meiner Amtszeit – die Regel bestätigen.

Der erkennbare Drang zur perfekten Gleichschaltung ist für mich um so unverständlicher, als die Entwicklung der nachrichtendienstlichen Beschaffungslage eher zur Anwendung unorthodoxer Mittel und Methoden ebenso wie zur Ausschöpfung aller organisatorischen Möglichkeiten zwingt.

Nach diesen kurzen Bemerkungen zur nachrichtendienstlichen Organisationsform komme ich nochmals auf den schwerwiegenden Vorwurf, ich hätte einen »desolaten Dienst« hinterlassen, zurück. Ich halte dies vor allem deshalb für notwendig, weil alle derartigen Behauptungen in engem Zusammenhang mit der planmäßig erfolgten Politisierung des Dienstes seit 1970 zu sehen sind. In zahlreichen Erklärungen in früheren Jahren habe ich ausgeführt, daß ich »meinem Nachfolger einen absolut funktionstüchtigen Dienst übergeben« hätte. Diese Tatsache ist vom Chef des Bundeskanzleramtes, Prof. Karl Carstens, der bei meiner Amtsübergabe für die Dienstaufsicht über den BND zuständig war, mehrfach bestätigt worden.
Bei den Angriffen auf den Dienst, die bei der Behandlung des »Falles Guillaume« eine so herausragende Rolle spielten und tatsächlich weitgehend zur Ablenkung von schwersten Versäumnissen der Bundesregierung führten – ich komme im übernächsten Kapitel eingehender darauf zurück –, wurde immer wieder der sogenannte »Mercker-Bericht« als Beweis herangezogen. Mir ist dieser Bericht trotz wiederholter Anforderung bewußt vorenthalten worden, um meine Stellung-

nahme mit den erwarteten Widerlegungen auszuschließen. So hing der »Mercker- Bericht« als eine Art Damokles-Schwert jahrelang über dem Dienst, wobei von der seit 1969 amtierenden Bundesregierung immer wieder Teilstücke des Berichts herausgenommen und in unverantwortlicher Weise in die Öffentlichkeit gebracht wurden.

Ich kann es mir versagen, auf jene Punkte einzugehen, die – zumeist in diffamierender und verleumderischer Form »aufbereitet« – angeblich dem »Mercker-Bericht« entnommen waren. Mir steht ein Zeuge zur Verfügung, dessen im Oktober 1974 öffentlich abgegebene Erklärung von der Bundesregierung und den ihr nahestehenden Medien bewußt ignoriert wurde: Staatssekretär a.D. Reinhold Mercker selbst. Seine Erklärung hatte folgenden Wortlaut:

> »Im Zusammenhang mit dem Untersuchungsausschuß des Bundestages, der aus Anlaß der Entlarvung des DDR-Spions im Kanzleramt eingesetzt worden ist, fiel in den letzten Tagen immer wieder das Wort »Mercker-Bericht«, und zwar immer dann, wenn vom Bundesnachrichtendienst vor 1968 und seinem damaligen Präsidenten Reinhard Gehlen die Rede war.
> In Presseveröffentlichungen, so in der Illustrierten »Stern« vom 3. Oktober, wurde versucht, den Eindruck zu erwekken, bei dem sogenannten Mercker-Bericht handele es sich um ein Verdammungsurteil über den BND und seinen damaligen Präsidenten. In anderem Zusammenhang entstand das Mißverständnis, Reinhard Gehlen habe in mir einen Gegenspieler im Kanzleramt gesehen. Zur Klarstellung lege ich Wert auf folgende Feststellung:
> 1. Während meiner Tätigkeit im Bundeskanzleramt von 1956 bis 1966 gehörten die Angelegenheiten des BND ne-

ben zahlreichen anderen Aufgaben zu der von mir geleiteten Unterabteilung und späteren Abteilung.

2. Im Jahre 1968/69 hatte ich den Auftrag, gemeinsam mit Ministerialdirektor a.D. Dr. Raab und Generalleutnant a.D. Zerbel eine Untersuchung im BND durchzuführen, die durch Beschwerden einiger Mitarbeiter des Dienstes ausgelöst wurde. Das Ergebnis dieser Untersuchung ist in einem Bericht festgelegt, der von den drei Kommisionsmitgliedern verfaßt, in der Öffentlichkeit aber den Namen »Mercker-Bericht« trägt.

3. Zu dem Artikel im »Stern« habe ich bereits an anderer Stelle erklärt, daß ich nach Lektüre dieses Artikels die Gewißheit habe: Dem Verfasser des Artikels hat der »Merkker-Bericht« überhaupt nicht vorgelegen. Mehr kann ich dazu nicht sagen, da ich noch unter Schweigepflicht stehe.

4. Ich habe mich niemals als »Gegenspieler« von Gehlen betrachtet. Auch die Mitverfasser des »Mercker-Berichts« sind es ganz sicherlich nicht gewesen.

Ich habe im Gegenteil Gehlen immer als überragende Persönlichkeit angesehen, der zu den Männern gehört, die nach 1945 Deutschland wieder zu Ansehen in der Welt verholfen haben. Auch Spitzenpolitiker der damaligen Opposition hatten zu ihm ein ausgesprochen positives Verhältnis.

Wenn in den sechziger Jahren im Dienst einige Schwächen zutage getreten sind, die mit zu der erwähnten Untersuchung und zum »Mercker-Bericht« geführt haben, dann ist dies vor allen Dingen auf einige widrige Umstände zurückzuführen, gegen die keine menschliche Institution gefeit ist.«

Diese klare und faire Aussage – ich hatte sie im übrigen von Reinhold Mercker nicht anders erwartet – widerlegt alle Veröffentlichungen, die ihrerseits den früheren Staatssekretär als »Zeugen der Anklage« (gegen den Dienst und mich persönlich) fälschlich zitiert hatten. So lieferte der »Mercker-Bericht« in Ehmke-Erklärungen und Presse-Schlagzeilen eine trügerische Grundlage für die beabsichtigte und teilweise auch durchgeführte Demontage des Dienstes. Die Wirklichkeit sah ganz anders aus: Die Verunsicherung sehr vieler Mitarbeiter war die Folge der bis dahin für unmöglich gehaltenen Politisierung einer Institution, die für unser Land ebenso lebenswichtig war und ist, wie für jede andere wehrhafte Demokratie.

DIE POLITISIERUNG
DES BUNDESNACHRICHTENDIENSTES

Die Diskussion um die Politisierung des Dienstes ist seit dem Frühjahr 1970 nicht verstummt. Wie war es zu dieser unheilvollen Entwicklung gekommen?
Mit Wirkung vom 1. 5. 1970 wurden leitende Positionen des Dienstes durch Minister Ehmke nach parteipolitischen Gesichtspunkten neu besetzt, darunter der Dienstposten des Vizepräsidenten mit dem Landesgeschäftsführer der SPD in Hamburg, Dieter Blötz. Im Falle Blötz wurde zum ersten Mal in der Geschichte des Dienstes ein profilierter und geschulter Parteifunktionär berufen, der über keinerlei Voraussetzungen zur Wahrnehmung einer nachrichtendienstlichen Aufgabe verfügte. Mit Herbert Rieck wurde ein weiterer »SPD-Vertrauensmann« als Leiter der wichtigen Zentralabteilung Blötz zur Seite gestellt. Ehmke hatte ganze Arbeit geleistet. Er hat sich später wiederholt mit diesem »Rundschlag« gebrüstet. Ich bin schon kurz nach der Ehmke-Aktion von meinen ausländischen Freunden gefragt worden, wie ein derart massiver Eingriff möglich war. Meine Antwort konnte nur lauten, daß ich für meine Person sofort die äußersten Konsequenzen gezogen hätte, wenn ich in eine derartige, an politische Erpressung grenzende Situation geraten wäre. Natürlich habe ich mir – ebenso wie meine Freunde aus den USA, aus England und Frankreich – die Frage gestellt, warum Präsident Wessel diese beispiellose Brüskierung widerstandslos hingenommen hat. Dies um so mehr, als er mir

und anderen gegenüber wiederholt behauptet hat, er sei vorher über den beabsichtigten Einsatz von SPD-Funktionären in der Spitze des Dienstes nicht unterrichtet, sondern vor »vollendete Tatsachen« gestellt worden. Vielmehr habe ihn Minister Ehmke aus seinem Büro im Bundeskanzleramt in ein anderes Zimmer geführt und ihm die drei »Neuen« (außer Blötz und Rieck noch Dr. Richard Meier) mit den Worten vorgestellt: »Hiermit mache ich Sie mit Ihren neuen Mitarbeitern bekannt.«

Mein Nachfolger hat später gegenüber verschiedenen Gesprächspartnern erklärt, er habe mit seinem Verhalten und seinem Verbleiben im Dienst »Schlimmeres verhüten« wollen. Dies erinnert an ähnliche Schutzbehauptungen, deren sich – nicht nur in Deutschland – Politiker und Soldaten gerne bedienten. Bei allem Verständnis für die schwierige Lage, in die Präsident Wessel zweifellos geraten war, hier hätte er nach meiner Ansicht beweisen können, daß er nicht nur der gute »zweite Mann« war, der mir im Kriege bei »Fremde Heere Ost« so erfolgreich zur Seite stand.

Die politische Verantwortung für die Politisierung des Dienstes und die sich daraus ergebende Lähmung hat in vollem Umfange Minister Horst Ehmke zu tragen. Ehmke, der von den subtilen Methoden nachrichtendienstlicher Arbeit ebenso wenig verstand wie von dem notwendigen Zusammenwirken aller Teile des Dienstes, kündigte in der Öffentlichkeit an, er werde »im Dienst aufräumen«. In kürzester Zeit verschaffte sich Ehmke Einblicke und Einzelerkenntnisse auch über Verbindungen des Dienstes. Dadurch wurde er zu einem hochgradigen Geheimnisträger, obwohl er – mit der

Tschechin Maria Hlavacova verheiratet – nach den gültigen Sicherheitsbestimmungen die Dienstaufsicht über den BND niemals hätte ausüben dürfen. Alle Bedenken waren jedoch mit der seltsamen Behauptung weggewischt worden, es sei unwahrscheinlich, ja ausgeschlossen, daß sich östliche Nachrichtendienste in erpresserischer Absicht an »große Tiere« heranmachen würden.

In diesem Zusammenhang erscheinen mir einige grundsätzliche Bemerkungen und Feststellungen notwendig. In demokratisch regierten Staaten, die Auslandsnachrichtendienste zur Aufklärung und Informationsgewinnung verwenden, gilt bis heute als ungeschriebenes Gesetz: Innenpolitische Veränderungen dürfen niemals dazu führen, daß Fachleute in Schlüsselpositionen durch politisch genehmere Laien ersetzt werden. Die Gefahr ist zu groß, daß Unerfahrene nicht nur ihre Aufgaben laienhaft wahrnehmen, sondern auch Möglichkeiten mißbrauchen, um ihrerseits »Parteifreunde« in geeignete Positionen zu befördern. In totalitären Staaten wird natürlich dafür gesorgt, das die Schlüsselpositionen der Geheimdienste mit linientreuen Funktionären bestückt sind, um den Primat der jeweils dominierenden Staatspartei zu gewährleisten.

An dieser Stelle möchte ich kurz auf meine eigenen Erfahrungen während des zweiten Weltkrieges zurückkommen. Der von der NSDAP motivierte und parteipolitisch besetzte Geheimdienst des Reichssicherheitshauptamtes (RSHA) hatte nach mehrjährigen schweren Auseinandersetzungen, die den Charakter eines Machtkampfes angenommen hatten, den militärischen Auslandsnachrichtendienst (Amt Ausland/Abwehr) zerschlagen. Brigadeführer Walter Schellenberg und Admiral Wilhelm Canaris waren die Antipoden. Mit der Ermordung des Admirals im Konzentrationslager Flossenbürg wurde der blutige Schlußstrich unter den erbitterten »Konkurrenzkampf« gezogen. Er ist inzwischen in vielfältigen Darstellungen in die deutsche Geschichte eingegangen.

Als Chef der »Org.« und seit 1956 des BND hatte ich mir eines gelobt: Diese deutsche Geheimdienst-Tragödie sollte sich niemals wiederholen. Ich habe deshalb zwei Grundsätze verfolgt und durchzusetzen vermocht. Der eine betraf die Aufgabenstellung für den neu geschaffenen deutschen Auslandsnachrichtendienst. Sie konnte nur umfassend sein, und dies ohne Ausnahme und Einschränkung. Meine Konzeption bedeutete die vollkommene Einbeziehung der militärischen Nachrichtenbeschaffung im Ausland und die Integration der militärischen Nachrichtenbearbeitung (Auswertung). Diese bis heute gültige und bewährte Wahrnehmung der militärischen Nachrichtengewinnung und -bearbeitung durch den einzigen deutschen Auslandsnachrichtendienst hatte Anfang der 50er Jahre manchen Widerstand ausgelöst, und es gibt immer wieder im Bereich der Bundeswehr Überlegungen, einen eigenen Auslandsnachrichtendienst aufzustellen. Ich kann davor nur warnen, es sei denn, es käme im beiderseitigen Einvernehmen zu einer Arbeitsteilung in bestimmten Bereichen.

Beim Aufbau der deutschen Streitkräfte in den 50er Jahren wurde meine Konzeption von den höchsten Offizieren der Bundeswehr mitgetragen. Mehrere von ihnen hatten in der »Org.« gearbeitet und sich durch diese Tätigkeit gute Voraussetzungen für die Übernahme wichtiger militärischer Kommandostellen geschaffen. Die militärische Geschichtsschreibung hat sich inzwischen mit diesem Thema befaßt und in diesem Zusammenhang die »Org.« als eine entscheidend wichtige Ausgangsbasis für den reibungslosen Aufbau der Bundeswehr bezeichnet. Ich habe diese Aussage als späte Anerkennung von berufener Seite gerne für meine alten Mitarbeiter und mich in Anspruch genommen, da auch nach meiner Überzeugung diese Hilfestellung, die nach Lage der Dinge nur selbstverständlich war, ihr eigenes Gewicht hat. So ehrenvoll derartige Feststellungen sind – sie dürfen nicht darüber hinwegtäuschen, daß das große geschichtliche Verdienst der »Org.« ganz sicher ein anderes ist: Durch die Zusammenarbeit mit der amerikanischen Siegermacht vom ersten Nachkriegsjahr an sind Voraussetzungen für das spätere Bündnis geschaffen worden, die von ihrer Bedeutung her nicht hoch genug eingeschätzt werden können.

Meinen zweiten Grund – und Leitsatz habe ich mit gleicher Kompromißlosigkeit durchsetzen und bis zu meinem Ausscheiden aus dem aktiven Dienst auch durchhalten können: Der Dienst sollte und mußte von parteipolitischen Einflüssen freigehalten werden. So wichtig es nach meiner Überzeugung war, zu allen staatstragenden Parteien vertrauensvolle Verbindungen zu unterhalten (ich werde in anderen Zusammenhängen dazu noch Einzelheiten ausführen), so notwendig erschien es mir andererseits, jede parteipolitische Einflußnahme auszuschließen. Ich habe selbst meine engsten Mitarbeiter, die dies bezeugen können, nie gefragt, ob sie einer politischen Partei angehören. Um gerade in diesem Punkt nicht mißverstanden zu werden: Meiner Grundeinstellung entsprechend habe ich in der einfachen Mitgliedschaft von Dienstangehörigen zu einer demokratischen Partei nie eine Belastung ihrer Tätigkeit im Dienst gesehen. Die nach meiner Überzeugung berechtigte Frage nach der Loyalität stellte sich erst, wenn Mitarbeiter des Dienstes Funktionärsaufgaben mit bestimmten Verpflichtungen gegenüber einer Partei zu erfüllen hatten. Mit meinen Kollegen an der Spitze der amerikanischen, britischen und französischen Nachrichtendienste habe ich die Probleme und Gefahren einer Politisierung oft besprochen. Dabei ergab sich stets volle Übereinstimmung in der Beurteilung der Gefahren durch Loyalitätskonflikte. Die absolute und dringend notwendige Unabhängigkeit der Dienste ist nur gewährleistet, wenn innenpolitische Veränderungen nicht zwangsläufig Ablösungen bewährter Führungskräfte zur Folge haben.

Nach der erwähnten Übertragung und Ausdehnung des innenpolitischen Machtwechsels auf den BND wurden teils sofort, teils in den folgenden Jahren Maßnahmen gegen Mitarbeiter des BND getroffen, die »verdächtig« waren, mit Exponenten der CDU/CSU eng zusammengearbeitet zu haben oder aus anderen Gründen als nicht mehr vertrauenswürdig angesehen wurden. Daß es nach 1970 nicht zu weit mehr Eingriffen dieser Art und damit parteipolitischen Personalveränderungen unterhalb der Abteilungsleiter-Ebene gekommen ist, hatte zwei gewichtige Gründe. Einerseits verfehlten die in der Öffentlichkeit erhobenen Proteste gegen die in verschiedenen Bonner Ministerien oft willkürlich und unter Parteigesichtspunkten erfolgten Personalveränderungen ihre Wirkung nicht. Sie vermochten sogar selbst Ehmkes Eifer bei der Demontage des Dienstes zu bremsen. Zum anderen konnten die Folgen im Dienst selbst niemandem verborgen bleiben. Immer mehr verbreitete sich in den ersten 70er Jahren bei zahlreichen Mitarbeitern, die sich in ihrer Gewissensnot häufig auch an mich wandten, die Überzeugung, daß versucht werde, den Dienst zu lähmen und in Teilbereichen gar zu zerschlagen.

Es verdient Dank und Anerkennung, daß mehrere Bundestagsabgeordnete der CDU/CSU, insbesondere die Mitglieder des Parlamentarischen Vertrauensmännergremiums, wiederholt und mit Nachdruck in der Öffentlichkeit auf die gefährlichen Entwicklungen und Mißstände im Dienst hingewiesen haben. Sie haben durch ihre offenen Erklärungen, die nicht ungehört verhallen konnten, dazu beigetragen, daß weitere beabsichtigte personelle Eingriffe nicht verwirklicht wurden. Als der verantwortliche Minister Ehmke 1973 allen Ernstes verlauten ließ, er sei gegen eine Politisierung des Dienstes, sprach seine Äußerung der wirklichen Entwicklung Hohn. Sie konnte nur als Versuch bewußter Irreführung, gezielt auf die bevorstehenden Bundestagswahlen, gewertet werden. Inzwischen hatten sich zahlreiche langjährig bewährte Verbindungen vom Dienst abgewandt. Sie hatten ihre Mitarbeit mit der Begründung eingestellt, daß sie unter Ehmkes Regiment und seiner Statthalterschaft im Dienst selbst nicht mehr bereit seien, noch länger persönliche Risiken auf sich zu nehmen. Ihre Sorge schien mir nur zu verständlich, nachdem trotz aller Verschleierungs- und Vertuschungsmaßnahmen durchgesickert war, daß Ehmke in Verfolg seiner Bemühun-

gen um »Transparenz« auch Unterlagen über Verbindungen und Quellen des Dienstes angefordert hatte.
Die Politisierung des Dienstes, wie sie am 1. 5. 1970 begonnen und in den folgenden Jahren systematisch fortgesetzt wurde, bleibt in der Rückschau das für mich bedauerlichste und unrühmlichste Kapitel in der noch kurzen Geschichte des Dienstes. Mit um so größerer Befriedigung habe ich aus einem persönlichen Gespräch mit dem neuen Präsidenten des BND, Dr. Klaus Kinkel, den Eindruck gewonnen, daß er in der Frage der Politisierung meine Auffassung vollkommen teilt. Er hat mir versichert – und ich vertraue ihm –, daß der Dienst künftig von jeder parteipolitischen Überfremdung gelöst arbeiten würde. Er hat mir erklärt, daß er zwar seinem ihm freundschaftlich verbundenen Mentor, Bundesaußenminister Genscher, und seiner Partei nahestehe, aus grundsätzlichen Erwägungen jedoch keiner Partei als Mitglied angehöre. Ich begrüße diese Einstellung besonders, weil sie dazu beitragen dürfte, die lange verunsicherte Mehrheit des Dienstes wieder ganz auf die übergeordneten Aufgaben einzustellen und aufgerissene Wunden verheilen zu lassen. Parallel und in auffälliger Übereinstimmung mit dienstinternen Vorwürfen und Beschuldigungen, ist von bestimmten Presseorganen eine fortgesetzte Diffamierungskampagne gegen langjährige Mitarbeiter des Dienstes, eine angebliche »CSU-Seilschaft«, geführt worden. Ich betrachte diese Veröffentlichungen deshalb auch als Teil der Politisierungsmaßnahmen. In ihren sogenannten »Enthüllungen« scheuten sich Zeitschriften nicht, bei den Abhör-Skandalen des Jahres 1975 den Verdacht der »Mittäterschaft« auch auf Mitarbeiter des

BND zu lenken. Zuvor waren amerikanische Stellen (CIA, CID) in ebenso skrupelloser Weise diskreditiert worden.

In seiner Ausgabe vom 16. 6. 1975 (Nr. 25, 1975) hat der »Spiegel« in diesem Zusammenhang die folgenden bezeichnenden Behauptungen aufgestellt (Seite 23): »... Spätestens seit dem Guillaume-Untersuchungsausschuß ist klar: Zumindest im BND hat es in der Vergangenheit Mißbrauch gegeben. Und dort gibt es heute noch parteipolitische Gruppierungen, wie etwa die im Haus-Jargon so genannten ›CSU-Seilschaften‹, deren Aktivitäten von der Spitze des Dienstes nicht ausreichend zu kontrollieren sind.« Auf Seite 26 heißt es weiter: »... Im Bundesnachrichtendienst, so wuchert wilder Verdacht, könnten rechtsgerichtete Agenten auf eigene Faust die Unionsparteien und Deutschland vor gemäßigten Politikern wie Kohl und Biedenkopf bewahren, die Nominierung des Mainzers im letzten Augenblick verhindern und einem anderen den Weg zur Macht doch noch ebnen wollen – Franz Josef Strauß.«

In der langen Kette der Diffamierungen, die ebenso planmäßig wie zielbewußt betrieben wurden, stellten diese frei erfundenen Anwürfe zweifellos einen Höhepunkt dar. Der Zweck lag auf der Hand: Nachdem es der Regierungskoalition trotz aller Anstrengungen nicht gelungen war, die politisch unerwünschten aktiven Angehörigen des Dienstes gänzlich auszuschalten, sollten nunmehr auch Politiker der CDU veranlaßt werden, sich von diesen »untergründigen Seilschaften« zu distanzieren. Ein weiteres Ziel dieser perfiden Behauptungen war natürlich, die planmäßig betriebene Politisierung noch zu intensivieren und zu variieren. Die offenkundige Zuflucht zu absurden Unterstellungen, wie sie der »Spiegel« formuliert hat, beweist mit besonderer Eindringlichkeit, daß – neben den andauernden Angriffen auf mich persönlich – kein Mittel unversucht blieb, um einen bestimmten Teil der Presse gezielt für die Fortsetzung und Ausweitung der Politisierung im Dienst einzuschalten.

VOM »FALL GUILLAUME« ZUR »INNENPOLITISCHEN AUFKLÄRUNG DES BND«

Daß es den Krisenexperten der sozial-liberalen Koalition gelungen ist, den für die amtierende Bundesregierung höchst peinlichen und belastenden »Fall Guillaume« in eine Generalanklage gegen den BND, einen »Fall Gehlen«, umzuwandeln, gehört zweifellos zu den großangelegten politischen Ablenkungsmanövern der Zeitgeschichte. Selten freilich haben es Schuldige in gleicher Weise verstanden, ihre fortgesetzten Versäumnisse und Fehlleistungen herunterzuspielen und demgegenüber einen mit dem eigentlichen »Fall« überhaupt nicht zusammenhängenden neuen Schuldvorwurf aufzubauen. Eine Meisterleistung geschickter Regie und Strategie, sagten damals die einen. Einen politischen Skandal und einen Beweis für die Skrupellosigkeit der auf Regierungsseite Beteiligten und Schuldigen, nannten es andere Beobachter, die sich von den Verschleierungs- und Vertuschungsbemühungen nicht hatten beeinflussen lassen. Aber alle, die einen wie die anderen, erkannten, daß vor allem bei den Verhandlungen des 2. Parlamentarischen Untersuchungsausschusses des Deutschen Bundestages die schrittweise Verlagerung des »Schwerpunktes« – um hier einen gut passenden militärischen Begriff zu verwenden – ganz planmäßig erfolgt war. Als ich zum ersten Mal Einzelheiten über die Agententätigkeit Günter Guillaumes in der unmittelbaren Umgebung des Bundeskanzlers hörte, habe ich diesen unbestreitbaren Erfolg der östlichen Spionage sofort als den schwerwiegendsten Fall der Nachkriegszeit beurteilt. – Während Guillaume, nachdem er sich als Offizier der Nationalen Volksarmee der DDR zu erkennen gegeben hatte, weisungsgemäß beharrlich schwieg, begannen die beteiligten Dienststellen in der Bundesrepublik Deutschland ihre Bemühungen, unter allen Umständen nur die »Spitze des Eisberges« sichtbar werden zu lassen. Abgesehen davon, daß durch dieses Verhalten die notwendigen Ermittlungen in unverantwortlicher Weise behindert wurden, bot sich der Öffentlichkeit ein erschreckendes Bild der Sicherheitslage an den Schalthebeln der deutschen Politik. Es war nach meiner Ansicht makaber genug, daß die Widersprüche, in die sich führende Politiker und hohe Beamte fortgesetzt verwickelten, häufig groteske Züge annahmen.

Daß Bundeskanzler Brandt schließlich doch die Konsequenzen ziehen und zurücktreten mußte, war sicherlich eine spektakuläre Entwicklung. Jedoch die Frage blieb offen, ob für die von Wehner erzwungene Ablösung Brandts die seit längerem festgestellte Führungsschwäche ausschlaggebend war oder ob der Rücktritt zu den Verschleierungsbemühungen gehörte, als wesentlicher Teil des »Eisberges« sozusagen. Denn es stand außer Zweifel, daß Brandts Ausscheiden aus der Führungsverantwortung die Klärung seiner Rolle im einzelnen, insbesondere auch der engen, bis in die privaten Bereiche führenden Beziehungen zu Guillaume, verhindern sollte.

Nach diesen Vorbemerkungen wäre es wohl vonnöten, in einer längeren Abhandlung auf die schlimmsten Unterlassungen und Mißgriffe einzugehen. Denn diese Fehlleistungen haben Guillaumes glatten »Weg durch die Institutionen« fortgesetzt begleitet und ihn schließlich an das Hochziel der DDR-Spionage geführt. Über den »Fall Guillaume« ist jedoch so unendlich viel geschrieben worden, daß ich meinen Lesern eine weitere Darstellung ersparen möchte, auch wenn es nur darum ginge, die unglaubliche Summe von Fahrlässigkeit und Schuld anzuführen. Ich will mich auf einige Bemerkungen beschränken, die mir unter nachrichtendienstlichen Gesichtspunkten besonderer Beachtung wert erscheinen.

Nachdem warnende Hinweise von verschiedener Seite bis dahin einfach ignoriert worden waren, kam es am 7. 1. 70 zu einer »Befragung« des verdächtigen Guillaume durch Bundesminister Horst Ehmke. Für mich unverständlich, hatte mein Nachfolger, Präsident Wessel, die »Anhörung« empfohlen – aufgrund gewichtiger Erkenntnisse des BND über Guillaume, die Ehmke vorgelegt wurden. Es gehört nicht viel Phantasie dazu, sich vorzustellen, in welch »hochnotpeinlicher Form« Professor Ehmke seine Fragen an den Verdächtigen gestellt hat. Natürlich gelang es dem als Spitzenspion vorzüglich ausgebildeten und auf alle Möglichkeiten vorbereiteten Guillaume, die bestehenden Bedenken zu zerstreuen. Damit war es ihm geglückt, nicht nur seine Position zu festigen, sondern auch seinen Aufstieg fortzusetzen. Selbstverständlich hätten schon zu diesem Zeitpunkt besondere Überwachungsmaßnahmen einsetzen müssen – und ebenso selbstverständlich hätte die »Befragung«, wenn überhaupt, durch Profis durchgeführt werden müssen.

Weit übertroffen wurde diese »Panne« jedoch durch die »unter nachrichtendienstlichen Gesichtspunkten« getroffene

Entscheidung vom Mai 1973, Guillaume nach nunmehr beweisbar erfolgter Enttarnung als DDR-Spion weiterhin in der engsten Umgebung des Bundeskanzlers zu belassen. Bekanntlich hatte der damalige Präsident des Bundesamtes für Verfassungsschutz, Günther Nollau, den zuständigen Bundesinnenminister Genscher am 29. 5. 73 über die Einzelheiten informiert und eine sofortige Unterrichtung des unmittelbar betroffenen Bundeskanzlers vorgeschlagen. Genscher berichtete Brandt sofort, mit dem bedeutungsvollen Zusatz, daß von Nollau in seiner Eigenschaft als oberstem Sicherheitsberater der Bundesregierung empfohlen wurde, Guillaume zunächst unbehelligt zu lassen. Nur auf diese Weise, so argumentierte Nollau, dem sich Genscher in seiner Beurteilung anschloß, sei es möglich, zusätzliche Einblicke in die Führungs- und Meldewege des geheimdienstlichen Gegners zu gewinnen und vielleicht sogar Verbindungsorgane zu fassen. Nach meiner Überzeugung wurde mit diesem Vorschlag, dem sich der Bundeskanzler fügte, eine katastrophale nachrichtendienstliche Fehlentscheidung getroffen. Elf lange Monate verblieb Guillaume auf diese Weise in seiner für die Sicherheit der Bundesrepublik Deutschland so außerordentlich gefährlichen Position.
Wahrscheinlich werden Eingeweihte mir entgegenhalten, daß ich im »Fall Felfe« selbst entschieden hatte, den sowjetischen Spion in der Zentrale des BND nach seiner Enttarnung nicht sofort mit Hilfe der Exekutive dingfest zu machen. Der weitere Verlauf gab mir recht, denn es gelang den Sicherheitsorganen des Dienstes, im Laufe eines Jahres Hintergründe und Zusammenhänge zu klären, die bei sofortiger Verhaftung nicht hätten entdeckt werden können. Als Felfe dann durch

Beamte der Sicherungsgruppe des Bundeskriminalamtes in Pullach verhaftet wurde, glückte sogar ein Zugriff »auf frischer Tat«: Vergeblich versuchte Felfe einen Zettel mit dem zuletzt erhaltenen Auftrag des sowjetischen Geheimdienstes zu verschlucken. Daß derart »heißes« Beweismaterial bei der Durchführung der großen Spionageprozesse in der Bundesrepublik häufig fehlte, hat mit Sicherheit auch zu einer oft unverständlich milden Urteilsfindung beigetragen. Als ich mich entschloß, den durch unsere Ermittlungen überführten Felfe weiterarbeiten zu lassen, übernahm ich ganz bewußt eine schwere Verantwortung. Ich konnte sie nur tragen, weil ich durch Unterrichtung einer sehr kleinen, aber nach den Erfordernissen besonders sorgfältig ausgewählten Gruppe von Mitarbeitern Felfes Spielraum entscheidend eingeengt hatte. Diese Mitarbeiter bürgten mir dafür, daß sich Felfe nur noch in einer Art Ring bewegen konnte, dessen gleichwohl flexible Ränder ihm in Form von Puffern ein Ausbrechen verwehrten. So befand sich Felfe, der den Auftrag seiner sowjetischen Führungsstelle hatte, in andere Bereiche des Dienstes einzudringen (das Referat Gegenspionage hatte er zu penetrieren vermocht), unter einer ständigen Überwachung, die er nicht erkennen konnte. Vorsichtig, aber eindeutig wiesen die »Eingeweihten« seine hartnäckigen Bestrebungen ab. Dies war jedoch nur möglich, weil es sich um ausgesuchte Kräfte des Dienstes handelte, die ausnahmslos über langjährige nachrichtendienstliche Erfahrungen verfügten.

Ganz anders verhielt es sich im »Fall Guillaume«. Hier wurde ein Bundeskanzler, der über keinerlei einschlägige Erfahrungen verfügte, in fahrlässiger Weise veranlaßt, »mitzuspielen«.

Aus dem »Spiel« wurde bitterer Ernst, weil es natürlich nicht gelingen konnte, Guillaumes Aktivitäten mit Hilfe eines eingeweihten Bundeskanzlers einzuschränken. Im Gegenteil: Die für die falsche Entscheidung Verantwortlichen mußten, um im nun einmal gefaßten Konzept zu bleiben, zulassen, daß Guillaume in der letzten Phase seiner Tätigkeit als Meisterspion den Bundeskanzler als »Mädchen für alles« nach Norwegen begleitete. In dieser Rolle holte er, so wurde später bekannt, die streng geheimen Fernschreiben höchst persönlich bei der vom Dienst besetzten Fernschreibstelle ab. Als Guillaume am 24. 4. 1974 endlich verhaftet wurde, hatte er seinen Auftrag bis zum letzten Augenblick erfüllt.

Kein Wunder, daß die Bundesregierung und die sie tragenden Parteien der sozial-liberalen Koalition geradezu verzweifelt nach Möglichkeiten suchten, um das erwähnte große Ablenkungsmanöver unter Einsatz aller Mittel in Szene zu setzen. Als Angriffsziel den BND zu wählen, bot sich an, nachdem die 1970 begonnene Politisierung den Dienst in einen Zustand permanenter Unsicherheit versetzt hatte. Da diese Maßnahmen ohne nennenswerten Widerstand der parlamentarischen Opposition erfolgt waren, kalkulierten die Initiatoren der Diffamierungskampagne gegen den Dienst auch in diesem Falle ähnlich. Sie erwarteten, daß es ohne Behinderung gelingen werde, alle möglichen Beschuldigungen vor der Öffentlichkeit auszubreiten und dabei skrupellos die Schlagkraft des Dienstes aufs Spiel zu setzen. Wer sollte sich schon bereitfinden, den »alten BND« (den Dienst während meiner Amtszeit) öffentlich in Schutz zu nehmen?

Im Zusammenhang mit der Tätigkeit des 2. Parlamentarischen Untersuchungsausschusses setzten die vorbereiteten massiven Angriffe gegen meine alten Mitarbeiter und mich persönlich ein, als eine Entlastung der für den »Fall Guillaume« den Verantwortlichen zwingend geboten erschien. Es erfüllte uns mit Befriedigung und Genugtuung, daß das Ablenkungs- und Entlastungsmanöver von namhaften Parlamentariern der Unionsparteien mit gebührender Deutlichkeit angeprangert wurde.

So erklärte der CSU-Abgeordnete Spranger in der 152. Sitzung des Deutschen Bundestages am 27. September 1975: »Der Verteidigungsstrategie der SPD geht es in erster Linie darum, vom Versagen der verantwortlichen Politiker im Spionagefall Guillaume abzulenken und unbestreitbare Fehlentscheidungen ausschließlich den Nachrichtendiensten anzulasten. Zudem hat die SPD auch noch alte Rechnungen zu begleichen, nicht nur mit *dem* BND, der rechtzeitig und intensiv vor der Einstellung des Spions gewarnt hatte, sondern auch mit *jenem* BND, der die heimlichen Kontakte zwischen SPD und Mitgliedern ausländischer kommunistischer Parteien aufdeckte.

Grund zur Einschüchterung und Diffamierung des BND hatten schließlich aber auch jene, die sich durch seine Berichte über die ständig steigenden Rüstungsanstrengungen des Warschauer Paktes in ihrer Entspannungseuphorie gestört sahen. So sprach denn vieles für jene breit angelegte Kampagne aus Abrechnung und Ablenkung, um nach dem Motto ›Angriff ist die beste Verteidigung‹, das ja bei Ihnen ohnehin die beliebteste Strategie ist, zielstrebig auf einem Nebenkriegsschauplatz, ohne Rücksicht auf die Sicherheit des Staates und seiner Bürger, Schlachten gegen den BND zu schlagen, wie wir es eben von Herrn Metzger (=MdB/SPD) wieder erlebt haben. Zum Feldherrn dieser Kampagne ernannte sich ausgerechnet jener Mann, der in der 198. Sitzung des Deutschen Bundestages am 21. September 1972 dazu aufrief – ich zitiere aus Seite 11682 –, ›sich der gemeinsamen Verantwortung für dieses empfindliche Sicherheitsinstrument bewußt zu sein und darauf zu verzichten, auf Kosten des Dienstes und auf seinem Rücken parteipolitische Polemik zu treiben‹, derselbe Mann also, der nach meinem Urteil auch die Hauptverantwortung für die Einstellung des Spions Guillaume trägt, Professor Dr. Horst Ehmke.«

In derselben Sitzung des Deutschen Bundestages konzentrierten sich die Ablenkungsbemühungen auf einen Punkt, den schon die Mitglieder der SPD und der F.D.P. im 2. Parlamentarischen Untersuchungsausschuß in den Mittelpunkt ihrer Angriffe und Unterstellungen gerückt hatten: Die angebliche »innenpolitische Aufklärung durch den BND«. Bevor ich auch hierzu Auszüge aus der Rede des CSU-Abgeordneten Spranger zitiere, will ich nach einer Definition der Begriffe, die ich in diesem Zusammenhang für notwendig halte, eigene Erklärungen abgeben und damit die ungerechtfertigten Vorwürfe entkräften.

Der in der sogenannten »Dienstanweisung für den BND« festgelegte Auftrag schließt ausdrücklich jede innenpolitische Betätigung des Dienstes aus. Dies sollte nicht nur so verstanden werden, daß der Dienst innenpolitisch nicht aufklären, d.h. nachrichtendienstliche Mittel nicht im Bereich der Innenpolitik einsetzen darf – dieses Verbot sollte sich vielmehr auch auf den oder die Auftraggeber beziehen und jede einseitige parteipolitische Einflußnahme auf den Dienst verhindern.

Unter meiner Leitung hat die »Org.« solange innenpolitische Schutzaufgaben wahrgenommen, bis das BfV und die LfV's ihre Tätigkeit aufnahmen. In diesen ersten Nachkriegsjahren waren die drei Westzonen, die sich 1949 zur Bundesrepublik Deutschland zusammenfügten, von der kommunistischen Infiltration aus der damaligen SBZ bedroht. Nicht nur die SED als die dominierende Kraft in der SBZ, auch die sogenannten »bürgerlichen Parteien« versuchten unter sowjetischer Anleitung, die in den drei Westzonen entstandenen Parteien und Organisationen zu penetrieren und Ansatzpunkte für eine Beeinflussung zu gewinnen. Ziel dieser Aktionen der sowjetzonalen Parteien, die von den sogenannten »Massenorganisationen« unterstützt wurden, war selbstverständlich die Einbeziehung der drei Westzonen in den kommunistischen Machtbereich.

Aus naheliegenen Gründen wurde später immer wieder versucht, diese auf großer Breite erfolgten Aktionen gegen ein noch nicht zu einem Staat vereintes, sondern geteiltes Westdeutschland zu bagatellisieren. In Wirklichkeit war es die Widerstandskraft unserer Bürger, an der die Bemühungen der SED und ihrer Hilfstruppen scheiterten. Der SED gelang es nicht, die nach dem totalen Zusammenbruch unseres Vaterlandes in den ersten Nachkriegsjahren hoffnungsvolle KPD zu einer Massenbewegung zu entwickeln. Die »bürgerlichen Parteien« und die »Massenorganisationen« der SBZ vermochten zwar, eine Vielzahl immer neuer Tarnorganisationen in den drei Westzonen und auch noch in der Bundesrepublik Deutschland zu schaffen und finanziell abzustützen. Diese blieben jedoch ausnahmslos ohne größere Wirkung. Auch in den schwersten Jahren der Nachkriegszeit waren die

Deutschen nicht bereit, sich den Lockungen und Drohungen, die wechselweise zur Beeinflussung angewandt wurden, widerstandslos zu ergeben. An der erfolgreichen Abwehr der kommunistischen Infiltration haben die »Politiker der ersten Stunde« aus allen demokratischen Parteien großen Anteil. Sehr schnell wurde aber von vielen vergessen, daß mit der »Org.« noch vor der Gründung der Bundesrepublik ein deutsches Instrument zur Verfügung stand, das – unter amerikanischer Protektion – zur Aufklärung des kommunistischen Machtbereichs in Europa, vor allem der SBZ, eingesetzt war. Selbstverständlich habe ich in diesen Jahren mit Vorrang alle Einrichtungen der SBZ beobachten lassen, die Aktionen gegen die drei Westzonen durchführten. Und ebenso selbstverständlich habe ich unsere Feststellungen auf Tarnorganisationen in den drei Westzonen ausgedehnt, die zum Zwecke der Infiltration entstanden waren. Die Aufklärungsergebnisse der »Org.« habe ich zu operativen Gegenmaßnahmen im Rahmen unserer Möglichkeiten benutzt und, soweit dies zweckmäßig und notwendig war, meinen amerikanischen Partnern mitgeteilt. So hatte die »Org.«, ohne daß dies jemals an die große Glocke gehängt wurde, nach meiner Ansicht ihren besonderen Anteil an der Abwehr der SBZ-Aktionen gegen ein noch weitgehend wehrloses Westdeutschland.

Nach diesem Rückblick komme ich nun zur Definition der Begriffe, die bei der Diffamierungskampagne nach 1969 eine so große Rolle spielten. Ich habe immer zwischen einer innenpolitischen Aufklärung einerseits und der Inlandsarbeit des Dienstes andererseits unterschieden. Unter innenpolitischer Aufklärung ist nach meinem Verständnis eine zielgerichtete Aufklärungstätigkeit mit einer gesteuerten Nachrichtenbeschaffung zu verstehen. Im Rahmen einer derartigen Aufklärungstätigkeit im Innern werden Aufklärungsforderungen gestellt und zur Auftragserfüllung nachrichtendienstliche Mittel gezielt gegen Einrichtungen und Personen eingesetzt. Ich habe wiederholt erklärt, daß der Dienst während meiner Amtszeit niemals innenpolitische Aufklärung betrieben hat. Mehrere leitende Mitarbeiter des Dienstes haben als Zeugen vor dem 2. Parlamentarischen Untersuchungsausschuß des Deutschen Bundestages diese Erklärung bestätigt. Sie haben übereinstimmend ausgesagt, niemals einen innenpolitischen Aufklärungsauftrag von mir oder einem anderen erhalten zu haben. Meine alten Mitarbeiter haben gleichfalls bestritten, von sich aus innenpolitische Aufklärung angeordnet oder durchgeführt zu haben.

Dagegen ist unter Inlandsarbeit alles zu verstehen, was der Dienst zur Erfüllung seiner Auslandsaufgaben an vorbereitender Tätigkeit, einschließlich z. B. der Klärung von Personen, die nachrichtendienstlich beschäftigt werden sollten, und zur Sicherung der Zentrale und aller Außenstellen in weitestem Sinne zu unternehmen hat. Der BND mußte und muß, das habe ich oft genug betont, vom Territorium des eigenen Landes in direkter Konfrontation mit dem Hauptaufklärungsbereich tätig werden. Das unterscheidet ihn von allen befreundeten westlichen Nachrichtendiensten. Und das bedingt eine breitgefächerte Tätigkeit der Basen, die sich im Inland befinden.

Folgte man der von mir skizzierten Unterscheidung, dann müßte die Diffamierung des Dienstes als Instrument der »innenpolitischen Aufklärung« in sich zusammenfallen. Daß diese Vorwürfe und Unterstellungen dennoch bis heute nicht verstummt sind, läßt nach meiner Ansicht eine doppelte Deutung zu: Entweder sind es unbelehrbare Gegner des Dienstes, die wider besseres Wissen die »Gehlen-Ära« immer noch zu verteufeln trachten (und solche gibt es sicher ...) – oder es sind Dilettanten, die von der komplizierten Arbeitsweise eines Auslandsnachrichtendienstes weder Ahnung noch Vorstellung haben. Wer immer noch in verleumderischer Weise von »Bespitzelung«, »Schnüffelei« und »Observation« – alles bezogen auf angebliche Maßnahmen des Dienstes gegen innenpolitische Gegner – spricht, ignoriert eindeutige Feststellungen im Abschlußbericht des 2. Untersuchungsausschusses. In dieser Zusammenfassung, die von den Berichterstattern Dr. Hirsch (F.D.P.) und Gerster (CDU) am 31. Januar 1975 erstellt wurde, heißt es: »Diese Aussagen (der erwähnten Zeugen) wurden von dem Sachverständigen Dr. Mercker bestätigt, der ausführte, daß er sich nicht daran erinnern könne, daß bei all den Anhörungen, die er im Ausschuß miterlebt habe, ein Fall von rechtswidriger Bespitzelung von Persönlichkeiten des öffentlichen Lebens zur Sprache gekommen sei.«

Wie schon angedeutet, haben die verleumderischen Behauptungen über die angebliche »innenpolitische Aufklärung« des Dienstes auch in der 152. Sitzung des Deutschen Bundestages zu kontroversen Stellungnahmen der Parlamentarier verschiedener Parteien geführt. Während einige Redner der sozial-liberalen Koalition auf ihren Unterstellungen beharrten, wiesen Sprecher der CDU/CSU die Beschuldigungen gegen den Dienst und mich persönlich zurück. Unmißverständlich

äußerte sich auch zu diesem Punkt vor allem der CSU-Abgeordnete Spranger, indem er erklärte: »›Sein (Ehmkes) Vorwurf, der BND habe innenpolitische Aufklärung betrieben, Persönlichkeiten des öffentlichen Lebens bespitzelt, ihnen nachgeschnüffelt, über sie Dosiers angelegt – ziemlich ungeheuerliche Dinge, wie Herr Dr. Arndt (= MdB/SPD) erklärte –, ist ebenso unbegründet.
Dies ist übrigens, meine Damen und Herren, wie so der Zufall spielt, der gleiche Vorwurf, der zur Zeit den amerikanischen CIA auf die Anklagebank zwingt – sicher ebenfalls zur dankbaren Freude und Genugtuung des gesamten Ostblocks. Die Worte ›Bespitzelung‹ und ›Erpressung‹ erregten natürlich die Phantasie der weitgehend uninformierten Öffentlichkeit, so daß die Ablenkung vom Fall Guillaume beinahe – aber nur beinahe – gelang.«
Dem ist von mir aus nichts mehr hinzuzufügen.

DIE BESONDEREN BEZIEHUNGEN
ZUR SPD

In meinem Buch »Der Dienst« habe ich ausführlich darzulegen versucht, warum dem Dienst und mir persönlich an einem guten, vertrauensvollen Verhältnis zur SPD, der großen politischen Kräftegruppierung in der damaligen Opposition, gelegen sein mußte. Dennoch sind auch nach Erscheinen des Buches mit meinen, so glaubte ich, eindeutigen Erklärungen die Stimmen nicht verstummt, die diese Beziehungen als gestört und seitens der SPD von stetem Mißtrauen belastet bezeichnet haben. Die in diesem Zusammenhang verbreiteten Vorwürfe und Beschuldigungen fanden ihren Höhepunkt, als 1970 die an anderer Stelle beschriebene Politisierung des Dienstes ihren unheilvollen Anfang nahm. Sie beeinflußten einige Jahre später die Verhandlungen des Parlamentarischen Untersuchungsausschusses im Spionagefall Guillaume, die – um es nochmals zu unterstreichen – zum Tribunal gegen den BND und mich persönlich ausgeweitet wurden.
Es liegt im Interesse der geschichtlichen Wahrheit, wenn ich mein bisherigen Schweigen breche und einige bisher unbekannte und sicher für viele Leser überraschende Einzelheiten erwähne. Ich halte dies für erforderlich, um den andauernden ungerechtfertigten und unzutreffenden Behauptungen zu diesem Komplex endlich mit offener Aussage zu begegnen. Im Gegensatz zu bestimmten, in ihrer Zielrichtung leicht erkennbaren Erklärungen interessierter SPD-Politiker und dementsprechenden Veröffentlichungen habe ich mich schon

als Chef der »Org.« bemüht, eine ständige Verbindung nicht nur zur Spitze der SPD, sondern auch auf der sogenannten »Arbeitsebene« herzustellen und zu halten. Zu diesem Zweck beauftragte ich einen ehemaligen bayerischen Landtagsabgeordneten der SPD, der Angehöriger der »Org.« war, mit der Wahrnehmung dieser Verbindung, die Anfragen, gegenseitige Unterrichtungen und Informationen ermöglichte. Dr. K. hat seine besondere Funktion über viele Jahre zur vollsten Zufriedenheit der eingeweihten SPD-Politiker, wie mir immer wieder bestätigt wurde, ausgeübt und sich zur Erledigung seiner Aufträge häufig in Bonn aufgehalten. Sein wichtigster Gesprächspartner war, vor allem auch, wenn besonders geheimhaltungsbedürftige Vorgänge zu behandeln waren, in den meisten Fällen Fritz Erler.

Nach dem krankheitsbedingten Ausscheiden des BND-Vizepräsidenten Hans-Heinrich Worgitzky Mitte der 60er Jahre habe ich sogar ernsthaft erwogen, die Stelle des zweiten Mannes im Dienst, die deshalb zunächst nur kommisarisch besetzt wurde, für einen der SPD angehörenden oder ihr nahestehenden Herrn offenzuhalten. Diese Überlegungen sind mir nicht leicht gefallen, widersprachen sie doch meiner Überzeugung, daß der Dienst als einziger deutscher Auslandsnachrichtendienst von allen im Bundestag vertretenen Parteien gleichermaßen vertrauensvoll getragen werden müsse – als ein überparteilicher Apparat, nur dem Ganzen verpflichtet.

Wenn ich trotzdem in diesem Falle an ein Entgegenkommen gegenüber der SPD dachte, dann deshalb, weil ich erkennbares Mißtrauen abbauen und meine durch den Verbindungsmann bereits bewiesene Bereitschaft zur Kooperation unterstreichen wollte. Es blieb jedoch beim guten Willen. Denn leider konnten personelle Überlegungen, die in einzelnen Fällen zu Vorschlägen führten, bis zu meinem Ausscheiden nicht realisiert werden. Bekanntlich hat auch mein Nachfolger, Präsident Gerhard Wessel, den vakanten Posten des Vizepräsidenten 2 Jahre lang nicht zu besetzen vermocht – bis zur Amtsübernahme durch den SPD-Landesgeschäftsführer Dieter Blötz am 1. 5. 1970. Auch der meinem Nachfolger Wessel ebenso wie mir vorher mehrfach angekündigte und angebotene »SPD-Kandidat Nr. 1«, der spätere Präsident des Bundesamtes für Verfassungsschutz, Günther Nollau, mußte aus Sicherheitsgründen abgelehnt werden. In erster Linie waren es die niemals aufgeklärten Umstände seiner 1950 erfolgten »Flucht« aus der damaligen SBZ, die eine Verwendung im Dienst unmöglich machten. Es war zweifellos hilfreich, daß sich seinerzeit ein großer Teil der Presse zu dieser Ablehnung verständnisvoll und zustimmend äußerte, darunter auch »Die Zeit« mit einem beachtenswerten Beitrag aus der Feder der Gräfin Dönhoff.

Ich hatte bereits 1950 Gelegenheit gehabt, Spitzenpolitiker der SPD über die Existenz und die Aufgaben der »Organisation« zu unterrichten. Es bleibt für mich eine bedeutsame Tatsache, daß ich bei diesen führenden Sozialdemokraten, an ihrer Spitze Dr. Kurt Schumacher, in den schweren 50er Jahren immer Verständnis gefunden und manche Unterstützung erfahren habe. Auf der anderen Seite war ich selbstverständlich bereit, auch der großen deutschen Oppositionspartei jede nur mögliche Hilfe zu leisten. In diesen Jahren entwickelte sich vor allem die Verbindung zu Fritz Erler zu einem echten Vertrauensverhältnis.

Auch heute kann und will ich nicht über Einzelheiten schreiben, die zwischen Fritz Erler und mir besprochen und vereinbart worden sind. Doch zwingen mich gerade in diesem Falle immer wieder laut gewordene Zweifel an der Wahrheit meiner Erklärungen zu einigen Andeutungen, welche mindestens einem Teil der Leser verständlich sein sollten. Als Fritz Erler einer befreundeten sozialistischen Partei im Ausland einen Millionenbetrag zur Unterstützung ihres Kampfes um Frieden und Freiheit in einer auch für die Bundesrepublik Deutschland wichtigen Region zuführen wollte, bat er mich, die Überbringung sicher und geräuschlos durchzuführen. Ich habe keinen Augenblick gezögert, diese Hilfe zu leisten. Und ich bin heute noch davon überzeugt, daß ich ganz einfach im Interesse unseres Landes so handeln mußte. Gerade an diesem Beispiel zeigt sich, so glaube ich, die von mir immer wieder leidenschaftlich vertretene Ansicht, daß der Chef eines Auslandsnachrichtendienstes unabhängig und frei von parteipolitischen Bindungen handlungsfähig sein muß – sowohl für die Regierung, der er zu dienen hat, als auch für die Opposition, deren Vertrauen er gleichfalls besitzen sollte.

Fritz Erler hat mich wiederholt um Rat und Hilfe gebeten, wenn es darum ging, Angehörige seiner Partei vor Ansätzen östlicher Geheimdienste zu schützen.

Über einen Fall von besonderer politischer Brisanz aus dem Bundestagswahlkampf 1953 habe ich seinerzeit ausführlich mit Fritz Erler gesprochen, es handelte sich um Vorgänge im Zusammenhang mit der damaligen Gesamtdeutschen Volkspartei. Ich habe dabei auf ein Dokument verwiesen, das mir aus einem ostzonalen Quellenbereich zugänglich war. Seine

Bedeutung wird verständlich, wenn ich im folgenden diesbezügliche Sachverhalte darstelle.

Die neutralistische Gesamtdeutsche Volkspartei, deren damaliger Vorsitzender später zu höchsten politischen Ehren gelangen sollte, hatte mit dem von den Verfassungs-Schutzämtern des Bundes und der Länder als kommunistische Tarnorganisation erkannten und öffentlich deklarierten »Bund der Deutschen« paktiert und für die Vorbereitung eines gemeinsamen Bundestagswahlkampfes am 19. 7. 1953 das sogenannte »Mannheimer Abkommen« geschlossen. Darin war vereinbart worden, daß aus Gründen der Abschirmung die Gesamtdeutsche Volkspartei unter ihrem Namen im Wahlkampf auftreten sollte, aber verpflichtet war, auf allen Landeslisten paritätisch Kandidaten des »Bund der Deutschen« zu berücksichtigen bzw. zu plazieren. Die wichtigsten Verhandlungspartner bei diesen Spitzengesprächen waren auf Seiten der Gesamtdeutschen Volkspartei u. a. Helene Wessel und Diether Posser, der heutige Finanzminister von Nordrhein-Westfalen, als Vertreter der kommunistischen Tarnorganisation der ehemalige Reichskanzler Joseph Wirth, der frühere Oberbürgermeister von Mönchengladbach Wilhelm Elfes und Oberst a. D. Weber.

Bei polizeilichen Exekutivmaßnahmen konnten Anfang August 1953 Urkunden (Schriftverkehr, Abrechnungen und Quittungen) sichergestellt werden. Sie erbrachten beweiskräftig, daß der von der Gesamtdeutschen Volkspartei und vom »Bund der Deutschen« gemeinsam geführte Wahlkampf mit hohen Geldbeträgen bestritten wurde, die vom Parteivorstand der KPD bereitgestellt worden waren.

Bei einer Pressekonferenz des Innenministeriums in Mainz am 27. 8. 53 wurde von Beamten, die Einblick in die betreffenden Akten hatten, auf die Herkunft der von dieser Partei verwendeten Wahlgelder hingewiesen. Obwohl alle Anwesenden von dieser Tatsache überzeugt werden konnten, lehnte die Partei unter ihrem Vorsitzenden eine Trennung vom »Bund der Deutschen« mit der Erklärung ab, es sei egal, wo das Geld für den Wahlkampf herkomme. Ein weiterer Betrag in Höhe von DM 2 Mio., der aus einem Sonderfond der ostzonalen SED stammte, floß darüber hinaus der »Gesamtdeutschen Volkspartei« für ihren Wahlkampf zu. Die Quittung hierüber habe ich Fritz Erler gezeigt und dann an die damals noch zuständigen Amerikanern weitergeleitet.

Zu den führenden Politikern der SPD, mit denen ich gerne und vertrauensvoll zusammengearbeitet habe, gehörte der heutige Staatsminister Hans-Jürgen Wischnewski. Auch im Dienst bald nur noch »Ben Wisch« genannt, nutzte dieser zielstrebige Politiker vor allem seine hervorragenden Verbindungen in Algerien stets zum Wohle unseres Landes, nicht primär seiner Partei. Als sich die Aufklärungsinteressen und Aufträge des Dienstes mit Wischnewskis Aktivitäten berührten, blieben enge und für beide Teile nützliche Abstimmungen unumgänglich. Deshalb habe ich nach Machtübernahme durch die sozial-liberale Koalition, als sich Ehmkes Einfluß auf den BND verhängnisvoll auszuwirken begann, vorübergehend erwogen, öffentlich den Vorschlag zu machen, Hans-Jürgen Wischnewski in besonderer Funktion die Dienstaufsicht und Verantwortung für den Dienst zu übertragen. Ich dachte dabei an eine Herauslösung des Dienstes aus dem Unterstellungsverhältnis unter das Bundeskanzleramt durch eine Organisationsform, die dem einzigen Auslandsnachrichtendienst der Bundesrepublik Deutschland die ihm gebührende Position als oberste Bundesbehörde sicherte. Bei einer solchen Lösung hätte Wischnewski, ob nun in einer Funktion unmittelbar unter dem Bundeskanzler oder dem Bundesaußenminister, die politische Verantwortung für den Dienst übernehmen können. Leider haben sich diese Überlegungen und Vorstellungen nicht realisieren lassen.

VERBINDUNGEN ZUR F.D.P.

In krassem Gegensatz zu den immer wieder geäußerten und offenbar unausrottbar falschen Behauptungen, die »Org.« und der BND seien unter meiner Amtsführung einseitig von der CDU/CSU dominiert worden, stehen vor allem die engen Verbindungen, die leitende Mitarbeiter des Dienstes und ich persönlich zu Spitzenpolitikern der F.D.P. unterhalten haben.
Im April 1954 teilte der leider allzu früh verstorbene Bundestagsabgeordnete und spätere stellvertretende Parteivorsitzende Wolfgang Döring nach Gesprächen zwischen führenden F.D.P.-Politikern und Angehörigen des Dienstes in einem persönlichen Schreiben mit: »Besonders Dr. Dehler war sehr beeindruckt von den Darlegungen aller Herren. Er hat seine Sympathie in den Worten zusammengefaßt, daß er ein Stück besten deutschen Soldatentums kennengelernt habe und daß wir froh sein könnten, über derartige Männer zu verfügen. Ich glaube kaum, daß er ein noch positiveres Urteil hätte abgeben können. Sie haben sich in Dr. Dehler zweifellos einen Freund erworben.«
Außer zu Dr. Thomas Dehler habe ich auch zu den F.D.P.-Bundesvorsitzenden Reinhold Maier und Dr. Erich Mende sowie zu weiteren führenden F.D.P.-Politikern, u. a. Friedrich Middelhauve, vertrauensvolle persönliche Beziehungen unterhalten.

Unser Zusammenwirken zum Wohle unseres Landes geriet in eine Bewährungsprobe besonderer Art, als die F.D.P.-Politiker Dr. Mende, Scheel, Weyer und Döring 1956 ihre inzwischen zur Legende gewordenen Gespräche mit der »Schwesterpartei« in der damaligen SBZ, der »Liberaldemokratischen Partei« (LDPD), in beiden Teilen Deutschlands führten. Mochte man schon zu dieser Zeit den Wert sogenannter »bürgerlicher Parteien« neben der allmächtigen Staatspartei, der SED, noch so gering einschätzen – es waren mutige und selbstbewußte Schritte, ja Vorstöße, die von den Spitzenpolitikern der alten F.D.P. zielbewußt unternommen wurden. Meine Mitarbeiter und ich haben die F.D.P.-Aktivisten mit Hilfe unserer Unterlagen beraten und alle Erkenntnisse über ihre voraussichtlichen Gesprächspartner auf der anderen Seite mitgeteilt. Ich habe diese ausführlichen Unterrichtungen, die noch vor der Übernahme der »Organisation« als Bundesnachrichtendienst erfolgten, und die positiven Reaktionen der genannten F.D.P.-Politiker immer als guten Beweis für eine nützliche und erfolgreiche Dienstleistung im Interesse unseres Landes angesehen. Daß anfänglich gehegte Hoffnungen sich letztlich nicht erfüllten, daß die für die Deutschen in der SBZ unternommenen Bemühungen an der starren Haltung des SED-Regimes scheiterten, war vorauszusehen. Doch mindert dieses Ergebnis nach meiner Ansicht nicht das Verdienst der Beteiligten.

Besonders eng fühlte ich mich Wolfgang Döring verbunden. Er wußte als ehemaliger Berufsoffizier und späterer Reserveoffizier der Bundeswehr vor allem den Wert unserer militärischen Aufklärungstätigkeit zu schätzen und zu würdigen. Sein Hauptinteresse galt natürlich Informationen aus der

SBZ, die geeignet waren, seinen leidenschaftlich geführten politischen Kampf gegen die Unfreiheit im anderen Teil Deutschlands zu unterstützen.

Um so härter traf mich der Tod Dörings; am 17. 1. 1963 wurde er durch einen Herzinfarkt aus der innenpolitischen Szene der Bundesrepublik Deutschland gerissen. Der Propaganda- und Diversionsapparat der DDR sorgte jedoch dafür, daß unsere vertrauenvollen Beziehungen zu Wolfgang Döring in ungeheuerlicher Weise makaber verzerrt wurden. Obwohl durch die Tatsachen und die Todesursache leicht widerlegbar, wurde über die Medien des SED-Staates behauptet und verbreitet, Döring sei eines unnatürlichen Todes gestorben. Er sei auf Anweisung Globkes, der Dörings Beseitigung betrieben habe, ermordet worden. Als ausführendes Organ habe sich – im Kampf rivalisierender Geheimdienste – der BND betätigt.

Meine alten Mitarbeiter und ich haben uns bemüht, diese unerhörten Beschuldigungen schnell zu vergessen. Wir haben dem aufrechten Demokraten und Patrioten Döring ein ehrenvolles Andenken bewahrt.

DER DIENST UND DIE PRESSE

Über die notwendigen und oft für beide Seiten nützlichen Verbindungen eines Auslandsnachrichtendienstes zur Presse – und in gewissem Umfange auch zu den anderen Massenmedien – habe ich mich schon früher geäußert. Ich bleibe – auch nach den Erfahrungen seit meiner Amtsübergabe 1968 – dabei, daß trotz der in vielen Fällen naturgemäß gegenteiligen Vorstellungen und Meinungen der Medien und des geheimen, häufig auf Abschirmung schutzbedürftiger Operationen und Verbindungen bedachten Nachrichtendienstes eine ständige Aussprache und auch Abstimmung möglich sein muß. Selbstverständlich ist sie nur unter seriösen und verantwortungsbewußten Partnern erfolgversprechend.
Ich fühlte mich deshalb von der Presse immer dann verkannt, wenn sie mich mit dem Odium des weltabgeschiedenen Verborgenen, des öffentlichkeitsscheuen und pressefeindlichen Generals versehen hat. Im Laufe der Zeit haben dann freilich immer mehr Journalisten erfahren, daß ich es als meine Pflicht angesehen habe, im Rahmen meiner Möglichkeiten und damit natürlich häufig auch in Grenzen, eine vertretbare Unterrichtung der Öffentlichkeit anzustreben. Sie hat nach meiner Überzeugung ein Recht darauf, so umfassend und eingehend wie möglich informiert zu werden. Deshalb habe ich zu jeder Zeit die Pressefreiheit als einen wichtigen und unverzichtbaren Bestandteil unserer demokratischen Rechtsordnung bejaht und geachtet. Wenn gelegentlich gegenteilige Behauptungen verbreitet wurden, sind diese einfach falsch.

Meine positive Grundeinstellung schloß nicht aus, daß ich es immer für eine Selbstverständlichkeit erachtet habe, daß bei gegenseitiger Achtung und Unterstützung sich auch die Presse, die Medien in ihrer Gesamtheit ihrer Verantwortung gegenüber dem Staat und seinen Bürgern bewußt sein müßten. Bei meinen Gesprächen mit Journalisten und Publizisten habe ich sehr viele Damen und Herren, meist in herausgehobenen Positionen, persönlich kennengelernt. Sie stimmten mit mir fast ausnahmslos in der Bewertung notwendiger Zusammenarbeit, zugleich auch deren Möglichkeiten und Grenzen vollkommen überein. Ich habe bei vielen Begegnungen darum bitten müssen, bestimmte Teile unserer Unterredungen vertraulich zu behandeln, d.h. sie nicht zu veröffentlichen. Ich habe damit viel von meinen Gesprächspartnern verlangt. Mit Genugtuung und Freude kann ich jedoch feststellen, daß ich in diesen Fällen niemals enttäuscht worden bin. Mir ist jedenfalls nicht ein einziger »Verstoß« gegen interne Abmachungen dieser Art gegenwärtig. Und das bedeutet bei der außerordentlich großen Zahl der Gespräche sehr viel.

Mit dieser Feststellung möchte ich mich zugleich gegen die verbreitete Behauptung wenden, bei Journalisten überwiege letzlich, mitunter durchaus nach langwieriger Abwägung des Für und Wider, der Drang, Interessantes unter allen Umständen mitzuteilen.

Diesen guten Erfahrungen mit Journalisten in persönlichem Gespräch steht natürlich eine Fülle unsachlicher und damit oft ungerechter Veröffentlichungen über die »Org.« und den Dienst gegenüber. Sie halten bis in die jüngste Zeit an und be-

deuten für viele, vor allem auch jüngere Mitarbeiter eine schwere Belastungsprobe. Um so bedauerlicher ist, daß die Bundesregierung nur in seltenen Fällen, viel zu selten nach meiner Überzeugung, sich anläßlich derartiger Veröffentlichungen vor den Dienst gestellt hat. In vielen Gesprächen mit meinen ausländischen Kollegen, den Chefs der befreundeten Nachrichtendienste, waren wir in der Erkenntnis einig, daß der geheime Auslandsnachrichtendienst von allen Organen des inneren und äußeren Staatsschutzes am wenigsten Möglichkeiten hat, sich gegen die Veröffentlichungen zu wehren. Der Dienst und sein Chef müssen also damit leben...
Doch um diese für jeden Beobachter selbstverständliche Feststellung geht es mir nicht. Ich will vielmehr die Besonderheit zweier Pressebeziehungen erwähnen, die während meiner aktiven Dienstzeit und danach für den Dienst und für mich persönlich eine besondere Rolle gespielt haben. Es sind die Verbindungen sehr unterschiedlicher Art zum Nachrichtenmagazin »Der Spiegel« und zur Illustrierten »Stern«. Über die »Kontakte« zum »Spiegel« habe ich bereits in meinem Buch »Der Dienst« im Zusammenhang mit der sogenannten »Spiegel-Affäre« berichtet. Wenn ich an dieser Stelle nochmals auf die Zusammenhänge und tatsächlichen Hintergründe eingehe, dann deshalb, weil die falschen Behauptungen trotz aller Bemühungen um Richtigstellung auch heute noch vorherrschen.
Ich habe niemals bestritten und halte es auch jetzt noch für richtig, daß sich die »Org.« Anfang der 50er Jahre um Beziehungen zum »Spiegel« bemühte, dem damals wie heute meistgelesenen und -beachteten Presseorgan besonderen Zuschnitts. Die Verbindung wurde in erster Linie mit dem Ziel

aufgenommen, die vom Osten inszenierte und infiltrierte Diffamierungskampagne gegen die »Org.« aufzufangen und negative Auswirkungen auf die Übernahme als Bundesnachrichtendienst zu verhindern. Sie lief über die Dienststellenleiter der »Org.« in Bremen und Hamburg.

Die Verflechtungen des BND mit der »Spiegel-Affäre« begannen, als der Dienst Kenntnis von der Vorbereitung eines – in der Gesamttendenz negativen – »Spiegel«-Artikels über den damaligen Generalinspekteur der Bundeswehr, General Foertsch, erhielt. Der Leiter der Hamburger Außenstelle, Oberst i.G. Adolf Wicht, bekam daraufhin den Auftrag, diesen Artikel nach Möglichkeit im Entwurf zu beschaffen, um ggf. noch Abänderungsvorschläge zugunsten der Bundeswehr bzw. ihres höchsten Repräsentanten anbringen zu können. Über Verlagsdirektor Hans Detlev Becker, der persönlich den Kontakt zu Oberst Wicht unterhielt, übermittelte der »Spiegel« anstelle des gewünschten Manuskripts mehrere Einzelfragen aus dem angeblichen »Foertsch-Artikel«. Die Fragen wurden nach sofortiger Überprüfung auf ihren Informationsinhalt durch die militärische Auswertung des Dienstes als sicherheitsmäßig durchgesehen und dementsprechend beantwortet. Diese Hilfestellung erfolgte in der Erwartung, damit die versprochene Einsichtnahme in den gesamten Artikel beschleunigen zu können.
Inzwischen hatte der »Spiegel« ohne Wissen des BND brisantes Material über das Manöver »Fallex 62« auf illegale Weise erhalten und damit den ursprünglich vorgesehenen »Foertsch-Artikel« in einen aktuellen »Fallex-Bericht« umgewandelt. Der Dienst wurde durch einen Trick in die – auch nach An-

sicht der »Spiegel«-Verantwortlichen – zu erwartenden Nachforschungen nach der Herkunft des Materials und in mögliche Ermittlungen einbezogen.

Es steht fest, daß kein Angehöriger des Dienstes den Artikel »Bedingt abwehrbereit« vor seinem Erscheinen am 8. 10. 1962 gesehen, gelesen oder gar gebilligt hat. Alle gegenteiligen Behauptungen sind unwahr. Dagegen hat der jetzige Bundeskanzler Helmut Schmidt – woran sich später keiner mehr erinnern wollte – in seiner damaligen Eigenschaft als Hamburger Innensenator den Artikel vorher gelesen und offenbar für gut befunden. Das Ermittlungsverfahren in dieser Sache gegen Helmut Schmidt wurde erst am 2. 12. 1966 eingestellt.

Bei der Durchsuchung der Redaktionsräume des »Spiegel« wurde eine sogenannte »Hausmitteilung« gefunden, deren Inhalt den Verdacht aufkommen ließ, daß Oberst Wicht in meinem Auftrage den »Spiegel« (vor beabsichtigten Exekutivmaßnahmen) gewarnt habe. Aus diesem Verdacht, der zur Einbeziehung des BND in die Untersuchungen führte, sind für einige meiner Mitarbeiter und auch für mich persönlich unangenehme Folgen entstanden. Sie brachten uns in den Verruf, in einer Komplizenschaft mit dem »Spiegel« gegen die Staatsinteressen gehandelt zu haben. Es erübrigt sich fast, hier nochmals festzustellen, daß – wie auch von der Bundesanwaltschaft zweifelsfrei ermittelt wurde – eine Warnung an den »Spiegel« durch den Dienst nicht erfolgte. Sie war schon deshalb unmöglich, weil die leitenden Mitarbeiter des BND über die beabsichtigte Aktion selbst überhaupt nicht unterrichtet waren.

Nach dem eindeutigen Ergebnis der von der Bundesanwaltschaft durchgeführten Vernehmungen, die den BND entlasteten, blieb die Frage offen, von wem der »Spiegel« vorher über die beabsichtigten Maßnahmen unterrichtet worden war.

Die inzwischen wiederholt in der Öffentlichkeit geäußerte Vermutung, die »Vorwarnung« sei nicht vom BND sondern vom damaligen Hamburger Innensenator, Helmut Schmidt an den »Spiegel« gelangt, erhält durch zwei Unterlagen Gewicht, die als wichtige Indizien für die von mir persönlich nie bezweifelte Richtigkeit dieser Annahme gewertet werden müssen.

In einem Bericht der Pressestelle des Bundesministers der Justiz vom 4. 2. 1963 hieß es wörtlich: »Am 26. 10. 1962 gegen 20.30 Uhr begab sich der nach Hamburg entsandte Ministerialdirigent Toyka in die Wohnung des Senators Schmidt und unterrichtete ihn von den in Hamburg unmittelbar bevorstehenden Exekutivmaßnahmen. Zugleich bat er ihn, auf Wunsch des in Hamburg weilenden Vertreters der Bundesanwaltschaft darum, den Beamten der Sicherungsgruppe Amtshilfe durch Überlassung von Räumen im Polizeipräsidium Hamburg zu gewähren, damit festgenommene Personen dort vernommen werden könnten. Senator Schmidt sagte dies zu.« Damit war der damalige Innensenator Schmidt der erste und einzige, der über die beabsichtigten Maßnahmen in Hamburg vorher informiert wurde.

Daß Helmut Schmidt selbst kein gutes Gewissen hatte, folgt für mich aus einem Schreiben, das er am 17. 1. 1967 an den damaligen Bundesminister der Verteidigung Dr. Gerhard Schröder gerichtet hat:

»Herrn Bundesminister der Verteidigung
Dr. Gerhard Schröder
persönlich
5300 Bonn
Hardthöhe

Sehr geehrter Herr Dr. Schröder!
Ich freue mich sehr über das ins Auge gefaßte Gespräch. Bitte lassen Sie mich vorweg einen Punkt zur Sprache bringen, der mit der Verteidigungspolitik im allgemeinen nichts zu tun hat, wohl aber mit bestimmten Aspekten der Personalpolitik des vormaligen Staatssekretärs in Ihrem jetzigen Hause.
In Zusammenhang mit der Spiegel-Affäre ist der Oberst i.G. Wicht in einer ungewöhnlichen Weise verdächtigt und bloßgestellt worden. Er war zu dem Zeitpunkt von seinem Vorgesetzten zur Beförderung zum Brigadegeneral voll qualifiziert; soviel ich gehört habe, stand seine Beförderung zur Zeit der Spiegel-Affäre bevor. Inzwischen ist Wicht voll rehabilitiert und versieht seinen Dienst gegenwärtig an der Führungsakademie in Hamburg. Ich weiß nicht, ob der Kommandeur der Führungsakademie Gelegenheit hatte, Sie anläßlich Ihres Besuchs auf diesen Fall hinzuweisen. Ich glaube, daß es nicht nur ein wünschenswerter Akt der Gerechtigkeit wäre, sondern daß es darüber hinaus auch für das personalpolitische Klima in der Bundeswehr höchst wünschenswert wäre, wenn die Beförderung Wichts zum Brigadegeneral nunmehr mit vierjähriger Verzögerung nachgeholt würde.
Ich bin überzeugt, daß die positive Beurteilung des Mannes auf Befragen, sowohl von General de Maizière als auch von

Präsident Gehlen, seinem zeitweiligen Vorgesetzten beim BND, bestätigt würde.

Ich bitte Sie herzlich, auch aus menschlichen Gründen, diesen Fall ausnahmsweise persönlich zu prüfen. Ich will noch hinzufügen, daß ich selbst den Oberst i.G. Adolf Wicht erst nach der Spiegel-Affäre kennengelernt habe.

Mit freundlicher Empfehlung

stets Ihr ergebener
Helmut Schmidt«

Trotz der merkwürdigen Umstände habe ich mich natürlich darüber gefreut, daß Oberst i.G. A. Wicht daraufhin zum Brigadegeneral befördert wurde. Auch daß der Verlagsdirektor des »Spiegel« ihn nach seinem Ausscheiden aus der Bundeswehr zum gut dotierten Verlagsexponenten gemacht hat, könnte als ein freundlicher Akt der Wiedergutmachung gelten.

Viele Angehörige des Dienstes haben die späteren Offenlegungen über den Dienst durch den »Spiegel« zum Anlaß genommen, dem Dienst ihre weitere Mitarbeit zu versagen. Einen anderen großen Teil der Unterlagen und »Erkenntnisse« für die Serie hatten die »Spiegel«-Autoren, wie unschwer nachzuweisen war, dem in Ost-Berlin erschienenen Buch »Nicht länger geheim« des berüchtigten Julius Mader entnommen. Mader wiederum bezog seine Information laufend vom Staatssicherheitsdienst der DDR.

Von meinen ausländischen Partnern habe ich von Folge zu Folge mehr und mehr besorgte Stimmen über die »Spiegel«-Serie gehört. Sie haben, tief betroffen über das Zusammen-

spiel zum Schaden des Dienstes, die gewährte »Amtshilfe« als gänzlich unbegreiflich bezeichnet. Der daraufhin eingetretene Vertrauensschwund war für mich als Ergebnis seiner zwangsläufigen Reaktion unverkennbar. Die Leitung des Dienstes dürfte sie freilich kaum ernsthaft zur Kenntnis genommen haben – so weitgehend hatten sich Ehmkes Vorstellungen schon durchgesetzt. Gelegentlich wurden auch die andauernden öffentlichen Angriffe, die in den USA gegen die CIA erhoben wurden, als Beispiele dafür genannt, daß es anderen Nachrichtendiensten nicht besser als dem BND ergehe. Ich fand diese Vergleiche ebenso unpassend wie bezeichnend für die Situation, in die der Dienst wenige Jahre nach meiner Amtsübergabe geraten war. So also sah die »Transparenz« aus, die sich Herr Ehmke gewünscht hatte!
Bei meiner intensiven Überprüfung der »Spiegel«-Serie habe ich zahllose falsche Angaben, Behauptungen und immer wieder Kombinationen gefunden und festgestellt, die teils geradezu grotesk, teils um so gefährlicher einzuschätzen waren. Eine Aufzählung auch nur der wichtigsten Punkte würde zu weit in Einzelheiten führen. Ich verweise vielmehr auf die energischen Bemühungen des früheren CDU-Bundestagsabgeordneten Fritz Baier, Mosbach, der die Serie »Pullach intern« als das angeprangert hat, was sie wirklich war: einen Skandal sondergleichen mit schädlichen Folgen für den Dienst als Instrument der äußeren Sicherheit unseres Staates. In Anfragen der CDU/CSU-Fraktion des Deutschen Bundestages hieß es bereits im März 1971:
»Welche Besprechungen wurden von Angehörigen des BND mit Vertretern des »Spiegel« im Zusammenhang mit der Serie »Pullach intern« geführt?« »Ist es richtig, daß der Vizepräsi-

dent des BND, Dieter Blötz, einen großen Teil der Gespräche während seiner Wochenendaufenthalte in Hamburg geführt hatte?«

»Auf Grund welcher Überlegungen wurde damit ein Angehöriger des BND beauftragt, der dem Dienst erst wenige Monate angehört?« »Welche Komplexe der zur Mitprüfung vorgelegten Fassung wurden vom Bundeskanzleramt bzw. vom BND als schutzbedürftig bezeichnet und dennoch vom »Spiegel« veröffentlicht?«

»Was gedenkt der Chef des Bundeskanzleramtes zu unternehmen, um eine weitere Gefährdung bzw. Verunsicherung des Dienstes zu verhindern?«

Meines Wissens ist eine Antwort auf diese Frage ebenso wenig erfolgt wie eine Untersuchung durch die zuständigen Organe, den Generalbundesanwalt eingeschlossen. Um nur ganz wenige Beispiele zu nennen: Nach meiner Überzeugung hätte unbedingt geklärt werden müssen, auf welche Weise Angaben geheimster Natur über Funkaufklärung, die sogenannten »Schweigegesetze«, bestimmte Partnerbeziehungen und Operationen in einigen Ländern, die zu den am stärksten geschützten Geheimnissen im Dienst zählten, an die Autoren der Serie gelangten... Im Juni 1971 wurde es in einer weiteren Vorlage der CDU/CSU-Fraktion als »Zweck der gesamten Serie« bezeichnet,

- »den Dienst weitgehend zu verunsichern und zu lähmen, hierzu:
- Gehlen vollständig zu ›entmythologisieren‹,
- Erfolge des BND (Nahost-Krieg 1967, CSSR-Invasion 1968) als Glückstreffer erscheinen zu lassen, um damit:
- die Ehmke-Entscheidung zu rechtfertigen und dem amtie-

renden Präsidenten und seiner ›neuen Mannschaft‹ zu bestätigen, daß hartes Durchgreifen notwendig sei, um den hinterlassenen ›Saustall‹ auszumisten (Prof. Ehmke).«
Im September 1971 erklärte mein Nachfolger, Präsident Gerhard Wessel, vor dem Parlamentarischen Vertrauensmänner-Gremium des deutschen Bundestages in der »Spiegel«-Serie seien »in die Hunderte gehende Stellen« enthalten, die als geheimhaltungs- und schutzbedürftig angesehen werden müßten. Mir sind ernsthafte Reaktionen auf diese ungeheuerlichen Erklärungen gleichfalls nicht bekannt.
Ich greife die Erklärung der CDU/CSU-Fraktion zum »Zweck der Serie« nochmals auf, wenn ich abschließend zu diesem »Spiegel«-Produkt meine Meinung unterstreiche: Vor aller Öffentlichkeit, aber natürlich in erster Linie gezielt auf die Angehörigen des Dienstes und unsere Partner im In- und Ausland, bedeutete diese Serie nichts anderes als den großangelegten Versuch, die am 1. 5. 1970 erfolgte Politisierung des Dienstes zu rechtfertigen. Dafür wurden alle Mittel eingesetzt, dafür erfolgte eine amtliche Unterstützung niemals geklärten Ausmaßes.
Wenig Verständnis konnte ich, auch nach anfangs korrekten Beziehungen, vom »Stern« erwarten, nachdem Chefredakteur Henri Nannen Amt und Wirkungsbereich in geradezu dominierender Weise ausgeweitet hatte.
Nannen hatte sich in den letzten Jahren meiner Amtszeit unentwegt um ein persönliches Gespräch mit mir bemüht. Daß er sich später an seine wiederholten Anfragen nicht mehr erinnern wollte, ist sicher als »taktische Vergeßlickeit« zu werten. Als ich ihn schließlich dann doch in Pullach empfing, entwickelte sich eine interessante Unterhaltung. Mein Ham-

burger Gesprächspartner hat sie dann freilich in seinem »Pardon«-Interview vom Februar 1975 gänzlich falsch wiedergegeben. Nannen erklärte wörtlich: »Das Gespräch drehte sich im wesentlichen darum, ob unsere Rechercheure und Reporter nicht gelegentlich BND-Aufträge ausführen könnten. Ich habe Gehlen klar geantwortet »Nein«, Journalismus und Nachrichtendienst sind zweierlei Paar Stiefel. Das einzige, bei dem wir handelseinig werden können, ist, wenn Sie einmal abtreten und Ihre Memoiren schreiben wollen, dann würde ich sie gerne veröffentlichen. Es bedarf kaum der Erwähnung, daß ich weder über Herrn Nannen »Werbung« betrieben, noch jemals in Erwägung gezogen habe, meine Erinnerungen ausgerechnet im »Stern« zu veröffentlichen. Im übrigen war in unserem Pullacher Gespräch Herr Nannen derjenige, der recht konkrete Wünsche vorbrachte.

In seinem »Pardon«-Interview gab Herr Nannen noch folgendes »Gesamturteil« über den BND ab: »Der ganze BND machte auf mich damals einen recht dilettantischen Eindruck, die hatten ihre politischen Vorurteile und versuchten, sie durch die Auswahl der Nachrichten zu unterbauen.« Diese Äußerung eines Mannes, der sich um ein Gespräch mit mir geradezu gerissen hatte und über keinerlei Einblicke in die Arbeit und Ergebnisse des Dienstes verfügte, spricht in ihrer nicht zu überbietenden Naivität und Arroganz für sich.

Ich habe wiederholt betont, daß ich keinen Rechtfertigungsbericht, schon garnicht in persönlicher Sache, vorzulegen beabsichtige. So muß ich mir auch versagen, auf die Fülle der Verunglimpfungen einzugehen, mit denen der »Stern« meine Familie und mich persönlich geradezu überschüttet hat.

Sie waren an Gehässigkeit nicht zu überbieten und – in der für den »Stern« üblichen Weise – auf sogenannte anonyme Informationen abgestützt. Dabei wurden auch nicht genannte Bundestagsabgeordnete zitiert, die dem »Stern« geheime Einzelangaben aus dem sogenannten »Mercker-Bericht« mitgeteilt haben sollen. Sie blieben auch bei der in diesem Falle unvermeidlichen gerichtlichen Auseinandersetzung mit dem »Stern« im Dunkeln – genau so wie die »Quellen« in der nachfolgend erwähnten »Stern«-Aktion. Am 24. 10. 1973 veröffentlichte der »Stern« unter der Überschrift »Der Doppelagent« einen Artikel, der weitreichende Folgen haben sollte. In ihm wurde der damalige Redaktionsleiter der »Quick« (der »Stern«-Konkurrenz auf dem Illustrierten-Markt), Heinz van Nouhuys, bezichtigt, gleichzeitig für den Staatssicherheitsdienst der DDR und den BND tätig gewesen zu sein. Nach den Aussagen der »Stern«-Verantwortlichen kamen Hinweis und »Basismaterial« für den Artikel auf höchst undurchsichtige Weise an die Zeitschrift. Den Hinweis als Anstoß gaben drei – natürlich bis heute – unbekannte Bundespolitiker (man beachte die erneute Unterstützung durch anonyme »Quellen«). Sie ließen, folgte man den Angaben, den »Stern« wissen, daß in Ost-Berlin beweiskräftige MfS-Unterlagen über Herrn van Nouhuys bereitgehalten würden. Danach habe der nunmehrige »Quick«-Chefredakteur mehrere Jahre für den Geheimdienst der DDR gearbeitet und zahlreiche Berichte geliefert. Natürlich ließ sich der »Stern« diese einzigartige Möglichkeit zur Diskreditierung eines Rivalen nicht entgehen. Obwohl das Material nicht im Original, sondern nur fotokopiert »zur Verfügung« gestellt wurde, veröffentlichte es der »Stern« trotzdem. Doch war dies nur die eine Seite der dunklen Affäre. Die andere hing mit der Behauptung zusammen, van Nouhuys sei gleichzeitig als Agent für den BND tätig gewesen.

Schon beim Erscheinen des »Stern«-Artikels »Der Doppelagent« stand für mich fest, daß der »Stern« Kenntnis von geheimen Berichten des BND erhalten haben mußte, um seine eigenen Recherchen damit abzusichern. Die Drucksache des deutschen Bundestages 7/3893 vom 28. 7. 1975 enthielt eine »Kleine Anfrage« von Abgeordneten der CDU/CSU betreffend des »Informationsaustausches zwischen der Bundesregierung und der Illustrierten »Stern«. Darin hieß es einleitend: »In der Ausgabe des ›Stern‹ vom 24. 10. 1973 sind in einem Artikel mit der Überschrift »Der Doppelagent« an mehreren Stellen wörtliche Auszüge aus internen Berichten des BND zitiert und ausdrücklich als solche deklariert worden. In dem Artikel ist wiederholt zum Ausdruck gebracht worden, daß der »Stern« seine Behauptungen, die sich gegen den Redaktionsleiter der »Quick«, Heinz van Nouhuys, richteten, auf amtliches Material bzw. dementsprechende Auskünfte abzustützen vermag.«

Für jeden ernsthaft an einer Klärung Interessierten muß sich zwingend die Frage stellen, wie die geheimen Berichte des BND an die Redaktion des »Stern« gelangt waren. Hatten Angehörige des BND unmittelbare »Unterstützung« geleistet oder war die »Amtshilfe« über den damaligen Chef des Bundeskanzleramtes, Staatssekretär Horst Grabert, der sich persönlich für die Veröffentlichung interessiert hatte, gegeben worden? Während die Beteiligten beim »Stern« in der bekannten Weise den »Quellenschutz« sicherstellten – Redaktionsmitglied Sepp Ebelseder in einer eidesstattlichen Erklärung: »Ich bitte um Verständnis dafür, daß ich aus Sicherheitsgründen beim gegenwärtigen Stand meine Quelle nicht offenbaren kann« –, sah sich der Nachfolger Graberts, Staatssekretär Dr. Manfred Schüler, zu einem beachtenswerten Eingeständnis gezwungen. Er erklärte in der Fragestunde des Deutschen Bundestages (250. Sitzung) vom 10. 6. 1976, daß »im Zusammenhang mit der Prüfung des ›Stern‹-Artikels der Vizepräsident des BND (Blötz) und ein Abteilungsleiter (Rieck) in der Hamburger Redaktion des »Stern« Material eingesehen und Informationen erörtert haben, die der Illustrierten zu dem genannten Artikel vorlagen.«

Unter Bezugnahme auf diese amtliche Erklärung hat der Journalist Heinz van Nouhuys am 15. 7. 1976 Strafanzeige gegen den Vizepräsidenten des BND, Dieter Blötz, wegen Verdachts der Beleidigung, übler Nachrede und des Vergehens des Geheimnisverrats gestellt. In dieser Strafanzeige wurde zum Ausdruck gebracht, daß der Vizepräsident des BND der Zeitschrift ›Stern‹ bei der Erstellung eines gegen den Anzeigensteller und gegen den BND selbst gerichteten Berichts behilflich war.« Weiter hieß es: »Dabei prüfte er Unterlagen des ›Stern‹ und lieferte ihm offensichtlich weitere Informationen.« Ferner: »Es liegt gerade im Hinblick auf die detaillierten Schilderungen in ›Stern‹ Nr. 44/73 und 46/73 der Verdacht nahe, daß Herr Blötz Angaben über BND-interne Vorgänge gegenüber dem ›Stern‹ gemacht und ihm entsprechende Unterlagen zur Kenntnis gegeben hat.« Dieser eindeutige, in sich schlüssige Sachverhalt des offenkundigen Zusammenwirkens von Bundeskanzleramt, BND und »Stern« zur Ausschaltung eines politischen Gegners und zur gleichzeitigen Schädigung der von diesem journalistisch geleiteten Zeitschrift wurde durch Ermittlungen bestätigt, die der damalige Bundesanwalt Träger im Auftrage des Generalbundesanwalts geführt hat. Aus diesen Ermittlungen hat sich zweifelsfrei ergeben, daß van Nouhuys niemals als Agent für den BND tätig war. Ebenso klar aber stellte sich heraus, daß Originalberichte des BND auszugsweise in den »Stern«-Artikel »Der Doppelagent« eingefügt worden waren.

Ähnlich wie bei der »Spiegel-Serie Pullach intern« hatte ich – angesichts der eindeutigen Ermittlungsergebnisse ein Eingreifen der zuständigen Stellen erwartet. Da die Dienstaufsichtsbehörde, das Bundeskanzleramt, durch seinen damaligen Chef, Grabert, aber selbst in die »Amtshilfe« verstrickt war, unterblieb natürlich von dieser Seite jede weitere Maßnahme. Ich muß leider annehmen, daß auch der Generalbundesanwalt, der die erwähnten Ermittlungen hatte führen lassen, aus mir unbekannten Gründen von einer Weiterverfolgung Abstand genommen hat. Das bedeutet: Von keiner Seite wurden ernsthafte Maßnahmen ergriffen, um die unglaubliche (und unbestrittene) Tatsache der Unterstützung des »Stern« durch das Bundeskanzleramt und den BND durch Preisgabe geheimer Informationen zu ahnden.
Je länger der Rechtsstreit zwischen dem Heinrich-Bauer-Verlag (für »Quick« und Heinz van Nouhuys) einerseits und dem »Stern« andererseits andauert, desto mehr besteht die Möglichkeit für die Verantwortlichen, die Klärung der eigentlichen Kernfrage des Verfahrens durch Verschleierung zu verhindern. Der »Stern« mit Henri Nannen an der Spitze wird jedoch bei seiner Erklärung bleiben, daß er sich vor Er-

scheinen des Artikels bei »kompetenten Stellen« rückversichert habe.

Meinen Mitarbeitern und mir wurde nach meinem Ausscheiden wiederholt ein allzu enges Zusammenwirken mit verschiedenen Zeitungen und Zeitschriften bis hin zum »Komplott« vorgeworfen. Dazu kann ich nur feststellen: Niemals sind während meiner Amtszeit an irgendwelche Presseorgane Informationen gegeben worden, die geeignet waren, dem Dienst Schaden zuzufügen und eigene Operationen zu gefährden. Und selbstverständlich sind niemals Quellen und Verbindungen, auch lose und Gelegenheitskontakte, bloßgestellt oder gar preisgegeben worden.

DIE GEFÄHRDUNG DER INNEREN SICHERHEIT

Bundeswehr und Bundesnachrichtendienst sind Wahrer und Wächter der äußeren Sicherheit unseres Staates. Sie können ihre Aufgaben nur erfüllen, wenn die innere Sicherheit im eigenen Land als verläßliche Abstützung gewährleistet ist. Diesen Zusammenhang zwischen äußerer und innerer Sicherheit herzustellen und deutlich zu machen, war stets mein besonderes Anliegen. Ich habe vor allem immer dann auf die gegenseitige Abhängigkeit hingewiesen, wenn das zwingend notwendige Zusammenwirken zur Abwehr von Gefahren für unser Land behindert oder gar gestört wurde.

Dies ist der Grund, warum ich es als Verpflichtung betrachte, mich an dieser Stelle auch zu bestimmten Entwicklungen der inneren Sicherheit zu äußern, soweit sie auf die Tätigkeit des Auslandsnachrichtendienstes Einfluß und – nach meinen Beobachtungen und Feststellungen – zunehmend nachteilige Auswirkungen haben. Über Fragen der inneren Sicherheit ist in den letzten Jahren viel, zu viel geschrieben und vor aller Öffentlichkeit diskutiert worden. Die auch im BND mißbräuchlich angewandte »Transparenz« hat nach und nach das ganze breite Feld der Behörden und Organe zur Wahrung der inneren Sicherheit erfaßt und so manchen Teilbereich bereits lahmgelegt. Andere – inzwischen in ihrer Wirksamkeit stark beeinträchtigt – werden alsbald der andauernden Demontage zum Opfer fallen, wenn nicht entschieden Einhalt geboten wird.

Natürlich habe ich mir immer wieder die Frage gestellt, wer für diese Schwächung unserer inneren Sicherheit verantwortlich gemacht werden muß. Wer kann ein Interesse daran haben, daß angesichts einer weltpolitisch höchst ungewissen Zukunft die Abwehrkräfte im Land durch öffentliche Anprangerung und Eingriffe der verschiedensten Art in so unverantwortlicher Weise geschwächt werden? Ich will versuchen, am Ende dieses Kapitels auch auf diese Frage eine Antwort zu geben.

So klar die Aufgaben zwischen Auslandsnachrichtendienst und den für die innere Sicherheit unseres Landes verantwortlichen Behörden abgegrenzt sind und bleiben sollten, so wichtig ist es, daß vor allem in zwei Bereichen die bestmögliche gegenseitige Unterstützung gewährleistet ist: Bei der Abwehr der östlichen Spionage in der Bundesrepublik Deutschland und bei der Bekämpfung des Terrorismus. Ich will mich in meinen anschließenden Ausführungen und Stellungnahmen auf diese Teilgebiete beschränken.

Die Bedrohung der inneren Sicherheit der Bundesrepublik Deutschland durch östliche Spionage und Diversionstätigkeit

Über den Umfang der östlichen Spionagetätigkeit in der Bundesrepublik und ihre Bekämpfung geben die fortlaufenden, veröffentlichten Erfahrungsberichte und Statistiken der zuständigen Stellen, insbesondere der Verfassungsschutzämter und des Militärischen Abschirmdienstes (MAD), zweifellos interessante Aufschlüsse, wenn sie auch zwangsläufig in vieler Hinsicht als vordergründig zu werten sind. Ich habe nicht die Absicht, mich zu den alljährlich veröffentlichten Zahlen im einzelnen zu äußern, weil sich daraus Feststellungen ergeben, die zumindest einem Teil der Leser geläufig sein dürften.

Was jedoch – für mich unverständlich – in den meisten Fällen bei diesen Betrachtungen fehlte, war eine fachgerechte Auswertung der Ergebnisse und – fast noch wichtiger – ihre Nutzanwendung für die Verbesserung und Verstärkung der Abwehrmaßnahmen. Häufig gewann ich den Eindruck, daß diese Veröffentlichungen immer mehr zu Zahlenspielen um Spione und Prozente gerieten...

Auch in den »Jahren nach Guillaume« ist die östliche Spionagetätigkeit in der Bundesrepublik mit unverminderter Intensität und unter weiterhin zahlenmäßig sehr hohem Einsatz von Agenten fortgesetzt worden. Dabei haben sich »Fälle« von geradezu unglaublicher Arglosigkeit und Leichtfertigkeit, aber auch grober Fahrlässigkeit ergeben, die mich immer wieder erschüttert haben. Es scheint in all' den Jahren nicht – oder nur gänzlich unzureichend – gelungen zu sein, gefährdete Gruppen oder einzelne für die Ost-Spionage naturgemäß interessante Wissensträger über die ihnen drohenden Gefahren aufzuklären. Soweit ich persönlich Einblicke gewinnen konnte, fehlte es häufig vor allem an ausreichender Unterrichtung über das Zustandekommen, den Anlauf östlicher Spionageoperationen. Auch bei Veröffentlichungen zu diesem Thema blieben Ablauf und Ergebnisse stets im Vordergrund, in der Darstellung gewiß auch interessanter und ergiebiger.

Auch unter den zahlreichen Büchern, die sich mit der östlichen Spionage in der Bundesrepublik Deutschland beschäftigten, dominierten solche, die eher als »Leitfäden für Spione« gelten können. Nur in ganz wenigen Veröffentlichungen – auch »von amtswegen« geschah kaum etwas – wurde allgemein verständlich beschrieben, wie der breit angesetzten Ost-Spionage durch vorbeugende Maßnahmen begegnet werden kann. In derartigen Publikationen hätte verdeutlicht werden müssen, welche hauptsächlichen Ansatzpunkte von östlicher Seite gewählt, wie geeignete Personen gesucht (geforscht) und schließlich gefunden werden. An Beispielen mangelt es ja leider nicht...

Abgesehen von den notwendigen Sicherheitsüberprüfungen fehlte es bei bestimmten Personenkreisen, ich denke hier an die große Zahl der Bonner Sekretärinnen in besonders wichtigen Vorzimmern, an intensiver Schulung und mehr Information. – Zweifellos könnten bei einer sorgfältigen Auswertung der Erkenntnisse und Erfahrungen durch die Abwehrorgane gefährdeten Personen in weit größerem Umfang Hilfe geleistet werden, die mir wichtiger erscheinen als oft fragwürdige Überprüfungen und Kontrollen. Ich habe mich während meiner aktiven Dienstzeit gegen bestimmte Formen der Überprüfung nicht gesperrt – den häufig zitierten Satz »Vertrauen ist gut, Kontrolle ist besser« möchte ich jedoch lange nach meinem Ausscheiden eher umgekehrt als empfehlenswerten Leitsatz betrachten. Vertrauen muß nach meiner Überzeugung, die im Abstand immer stärker geworden ist, auch im Nachrichtendienst stets von neuem geschaffen und erhalten werden. Es läßt sich, dies ist meine Auffassung, durch eine beständige und bessere Unterrichtung der Mitarbeiter fördern, durch Anregungen, Hinweise und Hilfen, die alle verdienen, die sich im Dienst einer schwierigen Aufgabe verschrieben haben.

Vorsorgemaßnahmen erscheinen mir um so notwendiger, als nach allen mir zugänglichen Erkenntnissen die Qualität der von den Geheimdiensten des kommunistischen Machtbereichs in der Bundesrepublik eingesetzten Spione, insbesondere aber ihrer Führungsorgane, weiterhin gestiegen ist. Nach dem sich in den früheren Jahren vor allem die von den Geheimdiensten der UdSSR, KGB und GRU, eingesetzten Agenten durch hohen Ausbildungsstand, insbesondere außerordentlich intensive Vorbereitung durch praktische Schulung, herausgehoben hatten, haben die Geheimdienste der DDR inzwischen offenbar aufgeholt. Jedenfalls läßt sich erkennen – dies wurde mir durch persönliche Berichte von Verantwortlichen für die Spionageabwehr wiederholt bestätigt –, daß die Hauptverwaltung Aufklärung (HVA) des Ministeriums für Staatssicherheit (MfS) und der Geheimdienst des Ministeriums für Nationale Verteidigung nicht nur prozentual die weitaus größte Zahl der in der Bundesrepublik aktiven Agenten führen, sondern sie zunehmend noch gezielter und damit effektiver einsetzen.

Auch wenn zwischen spektakulären Zugriffen, die den Abwehrorganen in der Bundesrepublik dem »Haupt-Zielland« der Ost-Spionage, gelungen sind, oft beträchtliche zeitliche Zwischenräume entstehen, in denen – zumindest nach außen erkennbar – keine Abwehrerfolge erzielt werden: Ich warne vor jeder Verharmlosung, vor jedem Nachlassen der Wachsamkeit, vor jeder Beeinträchtigung und Beschränkung der Mittel, die für eine wirksame Spionagebekämpfung unverzichtbar sind. Auf dieses Thema – die bewußte oder unbewußte, zumindest aber fahrlässige – Behinderung unserer Abwehrorgane werde ich noch zurückkommen.

Daß neben den erwähnten Geheimdiensten der UdSSR und der DDR auch die Spionageapparate der ČSSR und Polens in der Bundesrepublik Deutschland weiterhin erhebliche Aktivitäten entwickeln, sollte niemanden überraschen. Die Historie der Spionage in Deutschland beweist seit Jahrzehnten, daß Tschechen und Polen es in besonders geschickter Weise verstanden haben, unter Deutschen auch »großkalibrige« Agenten zu suchen und zu finden.

Dies führt mich auf die »Anfälligkeit« gegenüber derartigen Annäherungsversuchen und Bemühungen (durch Anbahnung, Forschung und Werbung). Auch zu diesem Thema sollte nicht allzu viel mehr geschrieben werden, wiewohl es sicherlich reizvoll ist, die Gründe für die »Anfälligkeit« – manche halten sie gar für eine typisch deutsche Eigenschaft – näher zu untersuchen. Es war für mich oft verblüffend, ja erschreckend, wie unvorsichtig sich neben vielen Politikern vor allem auch Spitzenvertreter der Wirtschaft und Industrie im Umgang mit Gesprächspartnern aus dem Sowjetblock verhalten haben. Prominente Wirtschaftsführer und Großindustrielle fieberten oft geradezu solchen Zusammentreffen, etwa in diplomatischen oder Handelsvertretungen, entgegen, bei denen die geschulten Gastgeber in den meisten Fällen alsbald Ablauf und Inhalt der Gespräche bestimmten. Sehr bedeutende und einflußreiche Persönlichkeiten, deren Namen ich aus naheliegenden Gründen nicht nennen möchte, haben

mir ganz offen berichtet, wie sie – bei manchem gemütlichem Abend mit hervorragender Bewirtung – in ihren Gesprächen mit sowjetischen Diplomaten nach und nach ganz und gar in die Rolle der Ausgefragten gedrängt wurden.
Wiederholt veröffentlichte Andeutungen über solche Vorfälle sind – ebenso wie Warnungen, die ich mehrfach ausgesprochen hatte – wirkungslos geblieben. Nicht einmal die einwandfreie Identifizierung von Angehörigen diplomatischer Vertretungen in Bonn, die als Mitarbeiter von Geheimdiensten namentlich genannt wurden, hat dazu geführt, daß diese »Diplomaten« fortan als Gesprächspartner gemieden, geschweige denn, daß sie zur »Rückreise« aufgefordert wurden. So blieb es in Einzelfällen den östlichen Geheimdiensten selbst überlassen, als Diplomaten getarnte Agenten zurückzuziehen, wenn sie nicht mehr voll verwendbar erschienen. Die verbliebenen jedoch werden weiterhin ihre »Opfer« suchen und – natürlich auch finden.

Besonders nachteilig für die Spionageabwehr in der Bundesrepublik Deutschland wirken sich nach meiner Ansicht die unglaublich geringen Strafen aus, die auch bei schwerwiegenden Verratsfällen ausgesprochen wurden (nicht selten waren es hunderte geheimer oder auch streng geheimer Dokumente, die aus den Vorzimmern der Ministerien den östlichen Geheimdiensten in die Hände fielen). Hier fehlte, davon bin ich fest überzeugt, den urteilenden Richtern in vielen Fällen nicht nur die notwendige Sachkenntnis – die freilich oft unschwer durch kundige Sachverständige vermittelt und erlangt werden können –, sondern auch der politische Instinkt, das Gefühl für Auswirkung und Folgen.

Wer – wie ich – immer wieder, seit Jahrzehnten schon, das Strafmaß bei großen Landesverratsprozessen in der Bundesrepublik mit den barbarischen Urteilen in der DDR gegen Mitarbeiter des BND verglichen hat, der steht diesem »Verhältnis« fassungslos gegenüber. Es ist nach meiner Überzeugung unmöglich, daß besonders gefährliche DDR-Agenten in der Bundesrepunlik zu Gefängnisstrafen von wenigen Jahren verurteilt wurden, während in der DDR grundsätzlich Höchststrafen verhängt werden. Mir ist aus vielen Gesprächen wohl bekannt, daß die leitenden Beamten und Soldaten unserer für die innere Sicherheit zuständigen Dienststellen die Praxis unserer Gerichte wiederholt heftig kritisiert haben. Sie stoßen dabei jedoch, selbst wenn sie sich der Zustimmung ihrer übergeordneten Ministerien meist sicher sein können, nicht nur auf das Unverständnis der beteiligten Gerichte, sondern auf eine Phalanx politischer Kräfte im parlamentarischen Bereich und außerhalb. Diese finden die unverständlich milden Urteile eher angemessen. Von solcher Einstellung ist der Weg freilich nicht allzu weit zu den Ministern und hohen Funktionären an der Spitze östlicher Geheimdienste, die eine »erfolgreiche Kundschaftertätigkeit im feindlichen Ausland« (sprich: in der Bundesrepublik Deutschland) öffentlich loben und die Akteure mit hohen Orden belohnen.

Auch bei einer so kurzen Betrachtung der östlichen Spionagetätigkeit in der Bundesrepublik Deutschland dürfen Hinweise auf den Einsatz besonderer Kampfmittel der Geheimdienste der UdSSR und der DDR nicht fehlen. Sie sind nach meiner Beurteilung in vielen Fällen wirkungsvoller als die Ergebnisse der zahlreich eingesetzten Agenten. Ich meine die Mittel der Diversion und der Desinformation, die – auf den verschiedensten Wegen gelenkt – in der Bundesrepublik zielgerichtet und treffsicher zur Anwendung gelangen. Wie an anderer Stelle erwähnt, dienen in erster Linie die sogenannten Massenmedien in der Bundesrepublik zur Transmission von aufbereitetem Material gegen unliebsame Persönlichkeiten und Einrichtungen. Schnell entwickeln sich daraus – bei dem günstigen »Nährboden« und der großen »Aufnahmefähigkeit« in unserem Lande kein Wunder – oft lang anhaltende Kampagnen, die nicht selten mit einem von den Initiatoren geplanten Rufmord enden. Angefangen von den Verleumdungskampagnen gegen die höchsten Offiziere der Bundeswehr in den späten 50er Jahren, insbesondere gegen die Generäle Heusinger, Speidel und Foertsch, über die mit Ost-Material gespickten Attacken gegen den ehemaligen Bundespräsidenten Lübke bis hin zu den jüngsten Diffamierungsaktionen gegen führende Politiker der CDU/CSU – immer war die Steuerung aus Ost-Berlin nachweisbar. Aber immer fanden sich auch willige Helfer in der Bundesrepublik, die das gefälschte Material begierig entgegennahmen, veröffentlichten und damit die erhofften Handlangerdienste leisteten.

Die Bedrohung der inneren Sicherheit der Bundesrepublik Deutschland durch terroristische Aktivitäten

In vielen Veröffentlichungen und Büchern ist in allen Einzelheiten über die Entstehung der terroristischen Gruppen in der Bundesrepublik, beginnend in der zweiten Hälfte der

60er Jahre, geschrieben worden. Ihr Ursprung, ihre »Wurzeln« waren Gegenstand zahlloser Untersuchungen und Analysen. Dabei konnte man von »Zeiterscheinungen«, immer wieder in Verbindung gebracht mit den studentischen Unruhen in diesen Jahren, vor allem aber von einer »Ideologie« lesen, unter deren Schirm irrgläubige junge Menschen Anschläge und Schwerverbrechen verübt hätten.

Ich habe sehr bald festgestellt, daß diese ebenso unglaubwürdige wie gemeingefährliche »Ideologie« allenfalls in der Anfangsphase der terroristischen Aktivitäten in der Bundesrepublik eine gewisse Rolle gespielt hat. Als terroristische Gewalttäter unter Führung von Andreas Baader und Gudrun Ensslin am 2. 4. 1968 ein Kaufhaus in Frankfurt in Brand steckten, sollte das rote Fanal zweifellos den Auftakt besonderer Formen der Agressionen linker Extremisten kennzeichnen. Nach diesem ersten spektakulären Anschlag und bei weiteren Terror-Aktionen verkündeten die Attentäter als »Ziel« die totale Veränderung der gesellschaftlichen Verhältnisse in der Bundesrepublik Deutschland durch Beseitigung der gegenwärtigen Staatsmacht. Dem kundigen Beobachter mußte bei der relativ geringen Zahl der zu allem entschlossenen Aktivisten jedoch klar sein, daß die eigentliche Gefahr nicht in dieser utopischen Zielsetzung lag.

Ich habe die Bedrohung unserer inneren Sicherheit durch terroristische Aktionen vielmehr in der Schwächung der Abwehrkräfte, vor allem aber in der internationalen Verpflechtung derartiger Aktivitäten und deren Steuerung gesehen. Für mich steht fest – und hier folge ich den mir bekannten Untersuchungsergebnissen mehrerer Antiterror-Experten –, daß neben Infiltration, Subversion und Desinformation auch die

terroristische Gewaltanwendung zu den Mitteln untergründiger Kampfführung gegen nichtkommunistische Länder gehört. Alle diese Mittel sind Bestandteile langfristiger sowjetischer Strategie, ebenso wie der beständige Wechsel zwischen Lockungen und Drohungen im außenpolitischen Bereich.
Als eine unmittelbare Schwächung der Abwehrkräfte in unserem Lande habe ich die Ermordung des amtierenden Generalbundesanwaltes Buback auf offener Straße gewertet. Sie bedeutet aus der Sicht der Attentäter natürlich auch eine Demonstration der Ohnmacht und eine Provokation der Staatsmacht. Noch wichtiger aber war für die am heimtückischen Überfall beteiligten Terroristen die Ausschaltung des potentiell bedeutendsten Gegners. Durch die Geiselnahme des Arbeitgeberpräsidenten Schleyer wurde nahezu der gesamte für die innere Sicherheit der Bundesrepublik Deutschland verfügbare Apparat für lange Zeit gebunden und seine Effizienz damit in entscheidender Weise geschwächt.

Wer im Falle Buback den tödlichen Anschlag als reinen Racheakt ansah – als geradezu widerwärtig und irgendwie beschämend empfand ich, daß bei derlei Betrachtungen gelegentlich Anflüge von »Verständnis« erkennbar wurden –, unterlag einer ebenso unverständlichen, folgenschweren Fehlbeurteilung wie bei der allzu vordergründigen Einschätzung der Entführung Schleyers. Hier ging es für mich nicht nur um die von den Geiselnehmern geforderte Freilassung inhaftierter Terroristen, sondern um sehr viel mehr: Die Fesselung der Abwehrorgane sowie die neuerliche Beweisführung für deren Unvermögen und Versagen.

Unabhängig von den im Endergebnis letzlich übereinstimmenden Feststellungen der Untersuchungskommission nach der Ermordung Schleyers, vertrete ich auch heute noch die Auffassung, daß wichtige polizeiliche Maßnahmen versäumt wurden, um die Entführer einzukreisen und zu fassen. Die teilweise unglaublichen Unterlassungen wurden später stets mit der gebotenen Rücksichtnahme auf rechtsstaatlich bedingte Einschränkungen und Behinderungen entschuldigt. Ich bin jedoch sicher, daß diese Ausflüchte bei der übergroßen Mehrheit unserer Mitbürger auf Unverständnis und scharfe Ablehnung gestoßen sind. Es bleibt zu hoffen, daß die Verantwortlichen wenigstens die notwendigen Lehren aus dem damaligen Versagen gezogen haben.

Mein Hauptinteresse galt den internationalen Verbindungen deutscher Terroristen und ihrem Zusammenwirken mit ausländischen Gruppen bei gemeinsamen Aktionen. Mir ist bekannt, daß von maßgeblicher deutscher Seite, mit den amtierenden Bundesministern an der Spitze, eine internationale Verpflechtung des Terrorismus stets mit der lapidaren »Feststellung« bestritten wurde: Es gibt keinen »Internationalen Terrorismus«, also auch keine zentrale Steuerung. Soweit ich es übersehen kann, sind alle Versuche, das Gegenteil zu beweisen, trotz überzeugender Erklärungen und Unterlagen bisher gescheitert. Zwar wurde von amtlicher Seite inzwischen eingeräumt, daß mehrere großangelegte Anschläge »Gemeinschaftsaktionen« waren, aber nur sozusagen »bilaterale«. Im übrigen operierten, so die Verfechter dieser Einschätzung, die regionalen Terroristenorganisationen in »ihren« Ländern selbständig. Besonders energisch wird in diesem Zusammenhang eine zentrale Lenkung terroristischer Aktivitäten von Moskau aus bestritten.

Ich fühle mich verpflichtet, zu diesem Thema aufgrund eigener Erkenntnisse Stellung zu nehmen und – daraus folgernd – eine Beurteilung aus meiner Sicht zu geben. Dabei stütze ich mich weitgehend auf Berichte, die ich von ausländischen Freunden erhalten habe.

Äußerlich wird der übernational-militante Charakter der berüchtigsten Terrororganisationen schon durch sehr ähnliche Bezeichnungen deutlich. So nennen sich die gefährlichsten Terrorgruppen in Deutschland »Rote Armee Fraktion« (RAF), in Italien »Rote Brigaden«, in Spanien baskische »ETA-militar«, in Irland »Irisch Republikanische Armee« (IRA) und in Japan »Japanische Rote Armee«. Ihre gemeinsamen Vorbilder sind palästinensische Organisationen, an der Spitze die »Palästinensische Befreiungsorganisation« (PLO) unter dem berüchtigtem Yassir Arafat und die »Volksfront zur Befreiung Palästinas« (PFLP), die häufig in Leitfunktion terroristische Gruppen und Kommandos gesteuert haben, z.B. die Terrorgruppe »Schwarzer September«.

Die Terroreinheit »Schwarzer September« war bekanntlich für den Überfall auf die israelischen Sportler anläßlich der Olympischen Spiele in München am 5. 9. 1972 verantwortlich. Bei diesem besonders verabscheuungswürdigen Anschlag wurden die eingeschleusten palästinensischen Terroristen durch deutsche Hilfskräfte abgestützt und abgesichert. Nicht zu bestreiten ist auch die Mitwirkung deutscher Terroristen bei zwei anderen großangelegten Operationen palätinensischer Guerillas: Bei der Entführung einer »Air France«-Maschine nach Entebbe in Uganda im Juli und beim

Überfall auf die OPEC-Tagung in Wien mit anschließender Geiselnahme im Dezember 1976. In einer Art »Gegenleistung« kamen bei der Entführung der »Lufthansa«-Maschine nach Mogadischu im Herbst 1977 palästinensische Terroristen zum Einsatz, um deutsche Gewalttäter aus Gefängnissen freizupressen. Daß diese Anschläge mit gegenseitiger Unterstützung und Entlastung schließlich scheiterten, war in Entebbe und Mogadischu dem wagemutigen Einsatz israelischer Soldaten und deutscher Grenzschutzbeamter zu danken.

Nach den mir zugegangenen Erkenntnissen fiel mit dem Anfang der terroristischen Aktivitäten in der Bundesrepublik Deutschland, die sich von Brandstiftung und Banküberfällen bis zu Mordanschlägen, Geiselnahmen und zur Besetzung der Botschaft in Stockholm steigerten, der Beginn der planmäßigen Unterstützung der PLO und anderer palästinensischer Terrororganisationen durch den sowjetischen Geheimdienst KGB zeitlich zusammen. Unter ständiger Konsultation der Internationalen Abteilung der KPdSU wurden durch KGB-Funktionäre in den folgenden Jahren auch unmittelbare Verbindungen zu Untergrundorganisationen in westeuropäischen Ländern hergestellt, in erster Linie zur IRA. Als Verbindungsorgane zu Terrorgruppen in der Bundesrepublik, insbesondere zur RAF, betätigten sich dagegen vorwiegend palästinensische Terroristen. Kein Zweifel, daß dem sowjetischen Geheimdienst diese »Umweglösung« aus übergeordneten außenpolitischen Gründen geboten erschien.

Direktkontakte zwischen KGB-Agenten und Terroristen in der Bundesrepublik mußten vor allem deshalb vermieden werden, weil sowohl die UdSSR wie auch die DDR in Erklärungen gegenüber den von Anschlägen betroffenen westeuropäischen Ländern den Terrorismus stets öffentlich abgelehnt hatten. Für mich stand fest, daß die entsprechenden offiziellen Beteuerungen, die sich in einigen Fällen sogar zu Unterstützungsangeboten steigerten, reine Heuchelei waren. Selbstverständlich wird und kann die UdSSR – und ebenso verfahren natürlich alle anderen kommunistischen Staaten im sowjetischen Machtbereich – terroristische Aktionen im eigenen Lande niemals aufkommen lassen. Die Begründung gegenüber der freien Welt ist denkbar einfach: In der kommunistischen klassenlosen Gesellschaft kann es gar keine terroristischen Gewalttäter geben.

Die sowjetischen Experten hatten nach Feststellung der Möglichkeiten und nach Bildung der ersten Stadtguerilla-Gruppen in der Bundesrepublik klar erkannt, welch gewichtige Waffe ihr damit in die Hand gegeben war. Wiederum war es – wie so oft im »verdeckten Kampf« – eine Waffe, die ohne erkennbares eigenes Eingreifen und Risiko wirksam zur untergründigen Bekämpfung des Gegners eingesetzt werden konnte. In der Bundesrepublik Deutschland und in anderen Staaten Westeuropas konnten Mittel und Methoden verwendet werden, die den jeweiligen Gegebenheiten angepaßt wurden. Ziel war und ist die Schwächung der inneren Sicherheit dieser Länder und die Lähmung ihrer Abwehrkräfte.

Inzwischen konnten Anleitungen und Schulungsunterlagen sichergestellt werden, die als Beweis für die Planmäßigkeit und Intensität der Terroristen-Ausbildung anzusehen sind. Danach wurden nicht nur konspiratives Verhalten und Bewegungen im Untergrund gelehrt, sondern auch die Anlage von Verstecken und konspirativen Wohnungen sowie Vorbe-

reitungen für Geiselnahmen. Neben dem Umgang mit Waffen wurde die Herstellung und Verwendung von Sprengmitteln geübt. Auch über die Anwendbarkeit von Giften wurde unterrichtet.
Palästinensische und andere arabische, japanische, und afrikanische Terroristen wurden in Spezialkursen am Lenin-Institut und an der Patrice Lumumba-Universität in Moskau für ihre Einsätze vorbereitet. Für arabische Terroristen wurden zusätzlich Schulungskurse in Baku und Taschkent eingerichtet. Für mich waren diese Feststellungen besonders aufschlußreich, weil beide Städte schon in den 50er und 60er Jahren als Ausgangspunkte für Infiltration und subversive Tätigkeit im Nahen und Mittleren Osten erfaßt werden konnten. Damals hatte die »Org.« darüber ausführlich berichtet.

Die Ausbildung europäischer, darunter auch deutscher Terroristen erfolgte in arabischen Trainingslagern, die sich auf Libyen, Algerien, Syrien, Süd-Jemen und Libanon verteilten. So wurden in Süd-Jemen Mitglieder der deutschen Terroristen-Gruppen »Bewegung 2. Juni« und »Revolutionäre Zellen« unterwiesen, während Angehörige der RAF in PLO-Lagern auf libanesischem Territorium ausgebildet wurden. Dabei wurden Länder, die an die Bundesrepublik Deutschland grenzen, als Bereitstellungs- und Ausweichräume in die Einsatzvorbereitungen einbezogen. Als Begründung wurde angegeben, daß die (gegen Terroristen getroffenen) Sicherheitsmaßnahmen in den Niederlanden, in Frankreich, in der Schweiz und Österreich weniger dicht und intensiv zu beurteilen seien als die entsprechenden Vorkehrungen in der Bundesrepublik.

Ich kann diesen Teil meiner Ausführungen nicht abschließen, ohne eine schon von anderer Seite wiederholt erhobene Forderung zu bekräftigen: Die Bundesregierung muß sich endlich dazu durchringen, gegenüber Staaten, die deutsche Terroristen aufnehmen, ihre Ausbildung zulassen oder andere Unterstützungen gewähren, hart zu reagieren. Rücksichtnahmen, aus welchen Gründen auch immer, sind in diesen Fällen fehl am Platze. Jeder, der deutschen Terroristen Hilfe leistet, muß wissen und erfahren, daß er sich damit an die Seite von Gewaltverbrechern und Feinden unseres Landes stellt.

Gefährden die Kommunisten in der Bundesrepublik unsere innere Sicherheit?

Wie eingangs erwähnt, habe ich mich bei der Betrachtung unserer inneren Sicherheitslage bewußt auf die permanente Bedrohung durch östliche Spionage und terroristische Gewaltakte konzentriert. Diese Festlegung auf Schwerpunkte darf jedoch nicht zu der Annahme führen, ich hätte die Aktivitäten der Kommunisten im Lande jemals unterschätzt. Wenn auch nur am Rande, will ich meine Erkenntnisse zu diesem ebenso interessanten wie politisch brisanten Komplex kurz zusammenfassen, zumal sie in den wesentlichen Punkten mit Informationen aus der sowjetischen Botschaft in Bonn übereinstimmen.
Ebenso wie die sowjetischen Beobachter der inneren Verhältnisse und Entwicklungen in der Bundesrepublik unter-

scheide auch ich zwischen der Tätigkeit der nicht verbotenen Deutschen Kommunistischen Partei (DKP) mit ihren Hilfsorganisationen und den illegalen kommunistischen Gruppierungen. Der vollkommen Moskau-hörigen DKP, die schon mit ihrem Entstehen 1968 als Nachfolgeorganisation der 1956 verbotenen KPD enttarnt werden konnte, gelang mit minimalen Wählerprozenten weder die erhoffte Massenbasis noch die erstrebte Aktionseinheit mit der SPD. Sie war als Vorstufe für eine »Volksfront« geplant, wie sie in Frankreich beispielhaft praktiziert wurde. Neben der französischen Kommunistischen Partei blieben die italienischen und spanischen Parteien unter ihren profilierten Führern Marchais, Berlinguer und Carillo sowohl von der Mitgliederzahl wie auch von der Potenz der Spitzenfunktionäre her unerreichbare Vorbilder. Angesichts der Entwicklung in der Bundesrepublik habe ich zwar anfänglich ein Verbot der DKP für richtig und notwendig gehalten – ebenso wie ich mich seinerzeit nachdrücklich für das Verbot der KPD eingesetzt hatte –, in der Folgezeit meine Meinung jedoch geändert. Ich habe den für die innere Sicherheit Verantwortlichen beigepflichtet, die sich gegen eine Verdrängung organisierter deutscher Kommunisten in Illegalität und Untergrund ausgesprochen hatten. Auch ich bin inzwischen zu der Ansicht gelangt, daß es besser (und ungefährlicher) ist, weiterhin Bruderküsse zwischen hohen sowjetischen Besuchern und Spitzenfunktionären der DKP hinzunehmen, als im Untergrund operierende kommunistische Aktivisten einer verbotenen DKP Anschluß an Terroristen und Anarchisten gewinnen zu lassen.

Meine Einstellung deckt sich damit im Ergebnis, dem Fortbestand der DKP, mit den Interessen der Sowjets, die diese Partei trotz aller Rückschläge und in klarer Erkenntnis ihrer geringen Bedeutung unter allen Umständen zu erhalten trachten. Mir sind Informationen über sowjetische Vorstellungen und Überlegungen bekannt, die der DKP bei mittel- und langfristigen Entwicklungen, die schwerwiegende innere Erschütterungen zur Folge haben könnten, eine Schlüsselrolle zumessen.

Gegenwärtig sind für die zuständigen Funktionäre in der KPdSU, an ihrer Spitze Mihail Suslow, andere kommunistische Aktivitäten in der Bundesrepublik von ungleich größerem Interesse als die offiziellen Verbindungen der sowjetischen Leitpartei zur DKP, ihrer »Bruderpartei«. In den 60er Jahren und noch Anfang der 70er Jahre ruhten die Hoffnungen und Erwartungen auf illegalen kommunistischen Gruppierungen, aus denen sich mit wechselnden Schwerpunkten immer wieder neue Angriffsformen gegen unsere demokratische Grundordnung bildeten, und auf Zusammenschlüssen von Extremisten in der sogenannten »Neuen Linken«. In der jüngsten Zeit gilt die Aufmerksamkeit sowjetischer Beobachter vorrangig der Breitenwirkung zahlreicher Aktionen kommunistischer Tarn- und Hilfsorganisationen, die in den meisten Fällen zunächst nur über lokal begrenzte Kader verfügen. Zweifellos schreiten – und dies steht nicht nur in den Berichten der sowjetischen Botschaft – die Zellenbildung und die Besetzung von Schlüsselpositionen in den verschiedensten Bereichen voran, vor allem in großen Betrieben und Werken, aber auch an den Universitäten, in den Gewerkschaften und in der Bundeswehr. Bewußt oder unbewußt distanzieren sich häufig auch extreme Mandatsträger der Koalitionsparteien nicht oder nicht rechtzeitig von Versuchen, sich unter allen möglichen Parolen oder auch nur Vorwänden für Gemeinschaftsaktionen einspannen zu lassen. Auch wenn es sich in Wählerstimmen für die DKP nicht niederschlägt: Die Unterwanderung in großer Breite schreitet fort, zumal natürlich auch die Medien mit einbezogen werden. – Und auch darin stimme ich Botschafter Falins Beurteilung zu: Die für die innere Sicherheit der Bundesrepublik Deutschland gefährlichen Kommunisten wählen nicht, weil für sie die vergleichsweise harmlose DKP, die in ihrem Programm noch dazu angibt, auf dem Boden des Grundgesetzes zu stehen, gar nicht wählbar ist.

Auch in diesem Punkt sollte man mich nicht der »Schwarzmalerei« bezichtigen. Ich weiß sehr wohl, daß eine akute Gefahr für unser Land durch kommunistische Aktivitäten nicht besteht. In einigen Jahren werden wir genauer wissen, ob Zersetzung und Unterwanderung tatsächlich Ausmaße erreicht haben, die unser Land im Innern für Einwirkungen von außen anfälliger machen. Nach meinen schlechten Erfahrungen und Zweifeln an der Bereitschaft, Gefahren rechtzeitig zu wehren, muß ich befürchten, daß gefährliche Aufweichungserscheinungen und -prozesse in den nächsten Jahren nicht ausbleiben, auch ohne das Gerüst einer kommunistischen Massenpartei.

Die anhaltende Schwächung der Abwehrkräfte

Im abschließenden Teil meiner Ausführungen zur Situation der inneren Sicherheit in der Bundesrepublik will ich versuchen, Unterlassungen und Maßnahmen, darunter schwerwiegende Eingriffe, aufzuzeigen, die zum gegenwärtigen Zustand permanenter Demontage unserer Abwehrorgane geführt haben. Cui bono? Diese Frage muß sich stellen. Wer kann ein Interesse daran haben, daß durch Maßnahmen, die zur Unfreiheit führen müssen, den Feinden unserer Freiheit, wo immer sie stehen, in die Hände gespielt wird? So planmäßig sind die Kampagnen als Auslöser, so eindeutig die Reaktionen, die »Aufnahmebereitschaft« im Innern und von außen, daß es unmöglich ist, diesen fortgesetzten Abbau wichtiger Sicherheitsvorkehrungen und Einrichtungen zu übersehen und zu unterschätzen.

Bevor ich auf einige dieser Entwicklungen näher eingehe, möchte ich an meine Ausführungen über die durchweg allzu milden Gerichtsurteile gegen Ost-Spione, die mit unbestreitbar großem Erfolg in der Bundesrepublik tätig waren, anknüpfen. Ein Abschreckungseffekt fehlte vollständig, zumal Ost-Spione von vornherein auf eine »Befreiung« durch Austausch eingestellt sind. Bei Gerichtsverfahren gegen Terroristen haben sich häufig Beeinflussungen von außen ergeben, die sich auf Abläufe und Urteile ausgewirkt haben. Leider sind auch manche der beteiligten Gerichte, die sich – übrigens unter ständiger Betonung ihrer rechtsstaatlichen Verpflichtung, an der von mir keinesfalls gedeutet werden soll – durch unverständliche Verschleppung von Prozessen und durch noch unbegreiflichere »Verhandlungsführung« (wobei »Führung« in diesem Falle einen eher makabren Beigeschmack erhält) mit Schuld an der »weichen Welle«, die sich in gewissen Abständen über die »bedauernswerten« Terroristen ergießt. So hat sich die behördliche »Isolationsfolter« als gängiger Begriff in einem nicht unwesentlichen Teil der veröffentlichten Meinung festgesetzt. Und so werden auch vermehrt Stimmen laut, darunter solche prominenter Koalitionspolitiker, die für eine Aufhebung der sogenannten »Anti-Terrorgesetze« eintreten. Dabei wird vorrangig das Kontaktsperregesetz vom Oktober 1977 angegriffen, obwohl allen klar sein muß, daß Aktionen von Geiselnehmern und Mördern aus den Gefängnissen gesteuert wurden.

Wenn sich dieser Teufelskreis »aus Sorge um den Rechtsstaat« erweitern sollte, werden die Terroristen bei der Bekämpfung eben dieses Rechtsstaates Auftrieb und Zulauf erhalten. Dann wird sich, dies ist unschwer vorauszusagen, die merklich geschrumpfte Zahl der Sympathisanten wieder vermehren, allein deshalb, weil das Risiko der Mittäterschaft noch geringer geworden ist.

Doch es kommt mir in erster Linie darauf an, im Schlußteil dieses Kapitels die Einschränkungen und Behinderungen aufzuzeigen, denen die zum Staatsschutz und zur Wahrung der inneren Sicherheit vorhandenen Dienste und Einrichtungen unterliegen. Diese Eingriffe erfolgen in beinahe ununterbrochener Folge, wobei es sehr schwer ist – ich habe das schon anklingen lassen –, an Zufälle zu glauben. Ich will deshalb an dieser Stelle nochmals offen aussprechen, daß es sich nach meiner Überzeugung um planmäßig vorbereitete und durchgeführte Aktionen handelt, die die Bundesrepublik als

»Schnüffel- und Spitzelstaat« von außen diffamieren, durch Verharmlosung der staatsfeindlichen Kräfte und Lähmung der zur Abwehr eingesetzten Organe ihrer inneren Stabilität Zug um Zug, Schritt um Schritt berauben sollen. Am Ende kann anstelle der zu verteidigenden Freiheit nur die Unfreiheit stehen.

Ob bei der Spionageabwehr oder bei der Bekämpfung von Terroristen und anderen Extremisten, es waren und sind vor allem folgende Maßnahmen, die für die von mir genannten Absichten sprechen:
- Offenkundige Bemühungen, die Anwendung modernster technischer Hilfsmittel und Methoden durch die Dienste und Ämter der Bundesrepublik einzuschränken oder gar auszuschließen.
- Bestrebungen, das enge Zusammenwirken der leistungsfähigen Abwehrorgane, insbesondere unter Anwendung der sogenannten »Amtshilfe«, zu stören oder auch zu verhindern.

Natürlich haben derartige Maßnahmen auch auf die polizeilichen Aufgaben im weitesten Sinne, hauptsächlich bei der Verbrechensbekämpfung, schädlichen Einfluß. Sie sind aber in erster Linie als Politikum zu werten. Wer seiner eigenen Abwehr die notwendigen Mittel und Möglichkeiten vorenthält, spielt bewußt oder unbewußt den Gegnern in die Hände, ob außerhalb oder innerhalb unseres Landes.
Neben den Diensten und Ämtern, deren Aufgabe ausschließlich die Wahrung und Behauptung der inneren Sicherheit ist, wird auch der BND zunehmend von den erwähnten Ein-

schränkungen und Behinderungen betroffen. Außer der Spionageabwehr, die der BND für seinen gesamten Apparat in eigener Zuständigkeit und Verantwortung sicherzustellen hat, sind in diesem Zusammenhang folgende Aufgabenbereiche zu nennen:
- Die Befragung von Flüchtlingen und Umsiedlern aus dem sowjetischen Machtbereich.
- Die Post- und Fernmeldekontrolle (im Rahmen der gesetzlichen Regelung).
- Die Zusammenarbeit mit anderen Behörden, vor allem mit den an der Ost-Grenze zur Überwachung eingesetzten Dienststellen der Grenzpolizei und des Bundesgrenzschutzes.

Ich könnte es mir leicht machen und in kurzen Worten eine – in der Bundesrepublik häufig gesuchte und konstruierte – Problematik dieser Aufgabengebiete damit abtun, daß die östlichen Geheimdienste und ihre Hilfstruppen gleichfalls Grenz- und Postkontrollen durchführen, allerdings mit dem Unterschied, daß auf der Gegenseite etwa das Zehnfache an Menschen eingesetzt wird. Doch aus langjähriger Erfahrung weiß ich: Was den kommunistischen Geheimdiensten recht ist, darf den eigenen Diensten noch lange nicht billig sein. So will es, im Ergebnis, die von mir wiederholt angesprochene, ganz bestimmte veröffentlichte Meinung, mit den politischen Kampfzeitschriften »Stern« und »Spiegel« als Speerspitzen. Befragungen, wie sie vom BND durchgeführt werden, sind in allen Ländern der Welt üblich. Sie erfolgen in der Bundesrepublik auf freiwilliger Basis. Die bei Befragungen angeblich angewandten Erpressungen stellen eine besonders böswillige

Verleumdung dar. Die Einsichtnahme in einen von vornherein äußerst begrenzten Teil der Briefpost aus bestimmten Regionen des sowjetischen Machtbereichs unterliegt einer andauernden scharfen Kontrolle durch eine besondere Kommission des Deutschen Bundestages und ein außerparlamentarisches Gremium, dessen Zusammensetzung eigentlich auch die ärgsten Kritiker und Zweifler befriedigen müßte. Doch weit gefehlt! Mehrere Politiker, darunter bekannte SPD-Abgeordnete der äußersten Linken, sind längst zielstrebig am Werk, um über ihre öffentlichen Sprachrohre die nachrichtendienstlichen Maßnahmen des BND auf diesem Gebiet abzuwürgen. Ich beobachte mit besonderem Interesse, ob sich diese Elemente schließlich gegen die Abgeordneten der eigenen Partei in den Gremien durchsetzen werden. Die zwingend notwendige enge Zusammenarbeit des BND mit den für die innere Sicherheit verantwortlichen Ämtern und Dienststellen sollte nach den Pannen und Versäumnissen im Fall Guillaume durch die Berufung des Chefs des Bundeskanzleramtes zum »Koordinator für die Nachrichtendienste« sichergestellt werden. Wer aber geglaubt hatte, daß diese von allen Parteien im Deutschen Bundestag offiziell begrüßte und getragene Regelung die Wirkungsweise gemeinsamer Schutz- und Abwehrmaßnahmen steigern würde, sah sich bald getäuscht. Gerade die im Auftrag der Dienste als wichtigstes Bindeglied liegende gegenseitige Amtshilfe wurde zum Reizwort in der Öffentlichkeit. »Amtshilfe« – das bedeutet danach nicht die selbstverständliche gegenseitige Unterstützung, sondern ein – an willkürlich gewählten Beispielen aufgereihtes – »dunkles« Zusammenspiel, dem (in mehreren Fällen) sogar der Geruch des Illegalen, Verschwörerischen anhaften sollte.

Wer nun geglaubt hatte, daß sich führende Politiker der Regierungsparteien, an der Spitze der Bundeskanzler selbst, bei Angriffen, Unterstellungen und Verdächtigungen vor die Dienste und Ämter stellen würden, sah sich getäuscht. Selbst diejenigen, die soeben noch lautstark für eine besser Koordinierung eingetreten waren, unternahmen allzu wenig oder nichts, um die Arbeit der für die Sicherheit zuständigen Stellen zu stützen und zu schützen.
Bei allem, was wir an ungeheuerlichen »Enthüllungskampagnen« in den letzten Jahren erlebt haben, machte nicht das gute britische, sondern das schlechte amerikanische Beispiel Schule. Die andauernden Veröffentlichungen über die Ergebnisse vielfältiger Untersuchungen in den USA, die nicht selten selbstzerstörerischen Charakter annahmen, verfehlten ihre Wirkung nicht. »CIA am Pranger« – das schien auch für viele »Kommentatoren« in der Bundesrepublik der rechte Weg, um Gleiches im eigenen Lande zu praktizieren. – Sehr selten nur fanden sich Hinweise auf das andere, das britische Beispiel. Auch in England sind viele Vorgänge, die sich auf die innere Sicherheit Großbritanniens negativ auswirken mußten, in der Öffentlichkeit ausgiebig diskutiert worden. Manche Fehler, Versäumnisse und auch Rückschläge konnten nicht verborgen bleiben. In allen Veröffentlichungen und Diskussionen waren jedoch Grenzen erkennbar. Sie lagen dort, wo die Möglichkeit und damit zugleich die Gefahr bestand, daß die Arbeitsweise der zur Wahrung der inneren Sicherheit Großbritanniens eingesetzten Stellen oder gar ihre

Methoden im einzelnen bloßgestellt wurden. Uns mag es als Wunder erscheinen, daß sich in dieser Frage in England alle einig waren: Die Politiker der verschiedenen Parteien, die die Interessen des Landes denen ihrer Partei voranstellten, die Medien, insbesondere die Presse, die sich selbst Beschränkungen auferlegten, wenn es um die Sicherheit ging, und schließlich die Bürger selbst, die mit nur verschwindenden Ausnahmen die Tätigkeit der Sicherheitsorgane als notwendig anerkannten und sie unterstützten. Ich habe darüber oft mit meinen vielen guten englischen Freunden gesprochen. Sie standen den unaufhörlichen Angriffen auf die Dienste und Ämter in der Bundesrepublik Deutschland stets fassungslos gegenüber.

In den letzten Jahren habe ich oft erleben müssen, daß die Unsicherheit unter den Bediensteten im Sicherheitsbereich, auch bei Beamten und Soldaten in hohen Dienststellungen, zur Resignation, ja an den Rand der Verzweiflung geführt hat. Dies war vor allem dann der Fall, wenn im Verlaufe der Diffamierungskampagnen infame Vergleiche mit Methoden gezogen wurden, die unsere Sicherheitsorgane in die Nähe der hitlerischen Gestapo rückten. Indessen ließen sich Verunglimpfungen und Verleumdungen dieser niedersten Qualität noch am leichtesten als Produkte staatsfeindlicher Giftküchen anprangern.
Für ungleich gefährlicher halte ich jene »Offenlegungen« neuesten Datums – ich habe sie schon anklingen lassen –, die modernste Methoden unserer Abwehrorgane einschließen. Die öffentliche »Bekanntmachung« technischer Hilfsmittel der Polizei bedeutet zugleich die Herabsetzung oder gar die

Ausschaltung ihrer Wirksamkeit. Wer jedoch Fahndungsmaßnahmen gegen Spione und Terroristen gleichfalls öffentlicher »Behandlung« preisgibt, kann von mir nur als staatsfeindlicher Saboteur angesehen werden.

Die weitere Entwicklung unserer Sicherheitslage, insbesondere die Wirksamkeit der in diesem Bereich tätigen Dienste und Ämter, wird davon abhängen, ob es gelingt, den geschilderten fortschreitenden Prozeß der Selbstzerstörung aufzuhalten. Wie kaum ein anderes Land ist die Bundesrepublik Deutschland, am Konfrontationsschwerpunkt Europas gelegen, auf die Stabilität im Innern angewiesen, um sich gegenüber Einflüssen und Bedrohungen von außen behaupten zu können.

WEHNER UND BAHR – DIE SCHLÜSSELFIGUREN DER DEUTSCHEN OSTPOLITIK AUS NACHRICHTENDIENSTLICHER SICHT

Nach der Übernahme der Regierungsverantwortung durch die sozial-liberale Koalition 1969 habe ich die Entwicklung der deutschen Ostpolitik und die Aktivitäten ihrer wichtigsten Exponenten mit großer Aufmerksamkeit verfolgt. Selbstverständlich verdichteten sich meine Interessen dort, wo geheime Zusammentreffen und Geheimverhandlungen erkennen ließen, daß auch auf deutscher Seite Unterhändler am Werke waren, die der deutschen Ostpolitik im Vorstadium der dann Schlag auf Schlag folgenden Vertragsabschlüsse konspirative Züge gaben. Anders hätte es wohl kaum gelingen können, eine Entwicklung vorzubereiten und durchzusetzen, die sich aus Konzessionen zum Vorteil der Sowjetunion mit geradezu atemberaubender Planmäßigkeit gebildet und unserem Lande alles andere als Sicherheit gebracht hat. Wer eigentlich konnte ernsthaft daran zweifeln, daß die »friedliebende Sowjetunion« gegenüber Westeuropa, in erster Linie aber gegenüber der Bundesrepublik Deutschland, an den häufig genug analysierten Zielen ihrer »Entspannungspolitik« festhalten würde? Sie konzentrierten sich nach der Festschreibung des status quo durch Verträge (einschließlich der dadurch fixierten Anerkennungen bzw. Verzichte durch die Bundesregierung) auf ein gesamteuropäisches Sicherheitssystem nach sowjetischen Vorstellungen.

Es war für mich erschütternd, miterleben zu müssen, wie bei den Verhandlungen um die Ostverträge der deutsche Spielraum immer mehr eingeengt, der Standpunkt – dort, wo es ihn gab – immer widerstandsloser aufgegeben wurde. Während die sowjetische Führung, in ihrer Machtposition voll abgesichert und nunmehr ohne ernsthafte Probleme im eigenen Herrschaftsbereich, ihre Druckmittel rücksichtslos anzuwenden verstand, versuchte die Bonner Koalition durch ihr »Wohlverhalten« ein wenigstens partielles »Entgegenkommen« zu erreichen. Nach meiner Ansicht sind bei den zahlreich vorliegenden Stellungnahmen und Wertungen zum Gehalt und den Auswirkungen der Ost-Verträge die sowjetischen Bemühungen um den Fortbestand der sozial-liberalen Koalition in der Bundesrepublik Deutschland allzu wenig beachtet worden. Die Voraussetzungen für die planmäßige Weiterführung der sowjetischen Deutschlandpolitik mit der beabsichtigten Ausdehnung des »Sicherheitssystems« auf ganz Westeuropa basierten einzig und allein auf der Stabilisierung einer »kooperativen Bundesregierung« (was im sowjetischen Sprachgebrauch so viel heißt wie »beeinflußbare Regierung«).

Ich kann nicht verschweigen, daß mich das Verhalten der drei bedeutendsten Westmächte während der Vertragsverhandlungen der Bundesregierung und bei den wichtigsten Vertragsabschlüssen – mit der UdSSR und mit der DDR – sehr enttäuscht hat. Kritische und warnende Stimmen, vor allem auch aus dem Bereich unserer nachrichtendienstlichen Partner, blieben dort ebenso unbeachtet wie bei uns. Die teilweise geradezu emphatische Zustimmung der westlichen Regierungen ließ sich – dies stellte sich später deutlich genug heraus

– nicht damit begründen, daß die westlichen Regierungen nunmehr von der Friedensliebe der Sowjets fest überzeugt waren. Nicht nur die Aufklärungsergebnisse der Nachrichtendienste, sondern vor allem auch Erkenntnisse und Erfahrungen der Regierungen selbst im Umgang mit den Sowjets hätten eher eine realistischere, illusionslose Politik zur Folge haben müssen. Mit einigen meiner ausländischen Freunde kam ich zu der sicher richtigen Beurteilung, daß den westlichen Regierungen die »lästige deutsche Frage« mit all ihren Risiken (hier wären in erster Linie mögliche neue Berlin-Krisen zu nennen) durch Verträge am besten »entschärft« erschien. Ich möchte annehmen, daß manche Politiker im Westen inzwischen eingesehen haben, daß die deutschen Ostverträge in ihrer unwiderruflichen Form sehr wenig zur Verbesserung der westlichen Positionen beigetragen haben.

Die deutsche Ostpolitik der 70er Jahre beruhte nach meiner Überzeugung im wesentlichen auf der Initiative und Aktivität zweier Schlüsselfiguren. Ohne sie war eine Durchsetzung der außenpolitischen Ziele der SPD als der dominierenden Kraft in der gegenwärtigen Bundesregierung, der Verfahrensweise bei den Verhandlungen und schließlich weitgehender Zugeständnisse an die kommunistischen Verhandlungspartner nicht denkbar: Herbert Wehner und Egon Bahr. Während Wehner durch die Bestimmung und Festlegung von Strategie und Taktik der SPD unserer Zeit den Weg vorzeichnete, profilierte sich nach meiner Überzeugung Egon Bahr als wichtigster Unterhändler und schließlich beim Ausverkauf deutscher Schicksalsfragen. Beiden gelang es, den in den Jahren der entscheidenden Verhandlungen und Vertragsabschlüsse amtierenden Bundeskanzler Brandt gänzlich unter ihren Einfluß zu bringen. Selbst Bundesministern mit starkem Eigengewicht wie Helmut Schmidt, Karl Schiller und Georg Leber, kam nur zweitrangige Bedeutung zu.

Wehner und Bahr waren mir schon während meiner Amtszeit durch die besondere, häufig konspirative Art ihrer politischen Tätigkeit aufgefallen. Ihr Verhalten und ihr Vorgehen gegenüber »Freund und Feind«, d. h. gegenüber den eigenen Genossen ebenso wie gegen den politischen Gegner, wurde für den geschulten Beobachter durch Mittel und Methoden unterstützt, die zum nachrichtendienstlichen »Rüstzeug« gehörten. Selbstverständlich lag es außerhalb meines Auftrages, meine Eindrücke durch zusätzliche Feststellungen oder gar Ermittlungen zu vertiefen. Ich habe wiederholt mit besonderer Deutlichkeit vor allem als Zeuge vor dem 2. Parlamentarischen Untersuchungsausschuß des Deutschen Bundestages erklärt, daß ich niemals Auftrag gegeben habe, irgendeine in der Bundesrepublik Deutschland innenpolitisch tätige Person zu beobachten oder gar zu observieren (zu »beschatten« oder zu »bespitzeln«, wie fälschlich und böswillig behauptet wurde). Vor demselben Parlamentarischen Untersuchungsausschuß haben mehrere meiner Mitarbeiter als Zeugen bestätigt, daß sie weder von mir einen diesbezüglichen Auftrag erhalten noch von sich aus innenpolitische Aufklärung betrieben hätten.

Natürlich wurden Wehner und Bahr in Meldungen und Informationen, die der Dienst während meiner Amtszeit im Rahmen seiner Auslandsaufklärung gewinnen konnte, öfter in den verschiedensten Zusammenhängen erwähnt. Ich habe diese Meldungen, wenn sie nach Überprüfung der Quellensituation und der Beschaffungsart als seriös zu beurteilen waren, pflichtgemäß dem jeweiligen Chef des Bundeskanzleramtes vorgelegt. Auch nach derartigen Unterrichtungen sind in keinem Falle Anweisungen für ergänzende Feststellungen ergangen. Die nachfolgenden Ausführungen stützen sich deshalb auf Gelegenheitsinformationen, die ich während meiner aktiven Dienstzeit erhalten habe, und auf eigene Beobachtungen danach. Die Ergebnisse sollen den Lesern dieser Aufzeichnungen nicht vorenthalten werden.

Bemerkungen zu Herbert Wehner

In meinen Ausführungen zum »Fall Guillaume« und seinen Folgen habe ich auf die entscheidende Rolle und Tat Herbert Wehners hingewiesen. Einmal mehr hatte er, seit vielen Jahren der wichtigste Mann an der Spitze seiner Partei, mit Energie und Härte zum einzig richtigen Zeitpunkt gehandelt: Er hatte die Ablösung des durch den »Fall Guillaume« schwer getroffenen und belasteten Bundeskanzlers Willy Brandt durchgesetzt, ehe es zu spät war. Damit öffnete er zugleich den Weg für Helmut Schmidt – noch früh genug.

Zwei meiner engsten und zugleich nachrichtendienstlich erfahrensten ausländischen Freunde haben – unabhängig voneinander – Überlegungen angestellt, ob der Spion Guillaume nicht zu einem ganz bestimmten Zeitpunkt seine Tätigkeit beenden mußte. Aufgrund »höherer Einsicht« und auf Wei-

sung, so kombinierten sie. Ich konnte meinen Freunden indes nur insoweit folgen, als der »Fall«, betrachtet man diesen Punkt genauer, der amtierenden Bundesregierung das Überleben ermöglichte (und zugleich mit Helmut Schmidt eine Führerpersönlichkeit ganz anderen Formats an die Regierungsspitze brachte). Jedenfalls gab es nach meiner Ansicht Indizien, die dafür sprechen könnten, daß Guillaume bewußt »aus dem Verkehr gezogen« wurde.
Der Retter in der Not hieß also für mich einmal mehr Herbert Wehner. Was ist das für ein Mann, den keiner bisher zu durchschauen vermochte? Mich interessierte seine politische Vergangenheit, noch mehr natürlich seine Tätigkeit für den sowjetischen Geheimdienst, die ihn in schwedischen Gewahrsam geraten ließ. Bekanntlich hatte Herbert Wehner nach Aufträgen subversiven Charakters, die ihm von der kommunistischen Internationale in der zweiten Hälfte der 30er Jahre erteilt wurden, 1941 eine wichtige nachrichtendienstliche Aufgabe übernommen: Er wurde als Agent der Komintern Leiter eines Spionage-Ringes in Stockholm. Seine Gruppe arbeitete erfolgreich, geriet aber bei ihren Kontakten ins Blickfeld schwedischer Sicherheitsorgane. Wehner wurde verhaftet und wegen Spionage zugunsten der Sowjetunion am 29. 4. 1942 zu einem Jahr Gefängnis verurteilt. Aufgrund eines Einspruchs der Anklagevertretung erfolgte am 12. 11. 42 eine erneute – verschärfte – Verurteilung zu einem Jahr Zuchthaus.
Wehners Aussagen bei den Vernehmungen durch die schwedischen Sicherheitsorgane und vor dem Stockholmer Amtsgericht veranlaßten die Leitungen der Komintern und der illegalen KPD, ihn wegen

- Nichtdurchführung von Parteibeschlüssen
- erwiesenen Denunziantentums sowie
- fahrlässigen und parteischädigenden Verhaltens

aus der KPD auszuschließen. Seine Rechtfertigungsbemühungen vor der Komintern-Zentrale in Moskau nach der Entlassung aus schwedischer Haft scheiterten. So wenigstens lauteten die spärlichen Erklärungen zu den mißlungenen Versuchen. Erfolgreicher war Wehner, folgt man nun den Geschehnissen in den ersten Nachkriegsjahren, bei seinem Bestreben, die führenden Kräfte der in den drei Zonen Westdeutschlands neu entstandenen SPD zu überzeugen. Diesmal allerdings vom Gegenteil: Ging es ihm vor der Komintern-Zentrale noch darum, seine kommunistische Linientreue zu beteuern, so erteilte er nun dem Kommunismus eine klare Absage. Niemand hat jemals erfahren, niemand kann ergründen, was in Wehner in der letzten Phase des deutschen Zusammenbruchs vorgegangen ist. War es ein enttäuschter, ein verbitterter Wehner, der dem Kommunismus tatsächlich abgeschworen hatte? Um dies zu unterstreichen, schrieb er seine »Notizen«, eine Selbstdarstellung von 200 Seiten, die ursprünglich zur Rechtfertigung vor dem ersten Parteivorsitzenden der SPD, Dr. Kurt Schumacher, gedacht war. Kurt Schumacher hat damals erkennen lassen, daß ihn die umfangreichen Ausführungen Wehners nicht überzeugt hätten. Schnell gelangten die »Notizen« in breite Parteikreise und danach in die Öffentlichkeit. Ich habe sie immer wieder gelesen.

Nach meiner Beurteilung konnte Wehner mit den »Notizen« sein Hauptanliegen nicht beweisen: Daß es ihm, dem langjährigen kommunistischen Funktionär, gegen alle Regel gelungen war, sich aus dem Bannkreis von Ideologie und Strategie, Kaderpolitik und Taktik zu lösen. Zahlreiche Unklarheiten und Undurchsichtigkeiten verdichteten sich vielmehr für den objektiven Leser zu einem unlösbaren Rätsel.

Seit Wehner die Schalthebel der SPD beherrschte, waren zwei Abschnitte strategischer Planung und deren Umsetzung in aktive Politik eindeutig:
- Die SPD-Politik bis Mitte des Jahres 1960 (manifestiert vor allem im sogenannten »Deutschland-Plan«) und
- die in drei Phasen vorgesehen Entwicklung seit Mitte 1960 nach dem »Wehner-Plan«.

Die gravierenden Gegensätze in den Leitlinien dieser beiden politischen Perioden ließen sich mit »Wandlung und zeitbedingter Umstellung« allein kaum erklären. Sie waren schließlich fast ebenso weit voneinander entfernt wie Wehners frühere kommunistische Aktivität und seine spätere Absage an eben diese Ideologie. Kein Wunder, daß ich von vielen Seiten, überall dort, wo nicht inzwischen Gutgläubigkeit und Vergeßlichkeit überdeckend gewirkt hatten, Zweifel an der Glaubwürdigkeit dieser radikal veränderten politischen Grundsätze und ihrer wichtigsten Exponenten gehört habe. Derart verlockenden Zukunftsaussichten konnte eigentlich nur folgen, wer den sowjetischen Herrschaftsanspruch und die realistische Ausnutzung sowjetischer Machtpositionen fahrlässig ignorierte. – Als sich jedoch die ganz auf das westliche Bündnis abgestützte Politik der CDU/CSU durchsetzte, war Herbert Wehner wiederum der einzige, der die entscheidenden Konsequenzen – auch gegen parteiinterne Widerstände – zog. Er forderte die Umwandlung der SPD in eine Volkspartei und legte den Aktionsplan für den notwendigen »Einbruch in das bürgerliche Lager« im einzelnen fest. Indem er alle Mittel der Dialektik einsetzte, erläuterte Wehner persönlich am 30. 6. 1960 vor dem Deutschen Bundestag die »neue Linie« der SPD und ihr »Godesberger Programm«. Ich habe mich über diese »Wendung« nicht gewundert.

Auch die innenpolitische Entwicklung der folgenden neun Jahre konnte nur den überraschen, der die Planmäßigkeit des Vorgehens der SPD unter Wehners Regie unterschätzt hatte. Nach einer ersten Phase der Festigung der neuen »Volkspartei«, die immerhin mehrere Jahre benötigte, nutzte Wehner 1966 die große Chance, eine Regierungsbeteiligung zu erreichen. Sie glückte – die zweite Phase war erreicht. In einer »großen Koalition«, die zunächst noch von einem Bundeskanzler der CDU geführt wurde, verbündete sich Wehner hemmungslos mit Politikern aus dem »bürgerlich-konservativen Lager«, die er zuvor mit allen Mitteln bekämpft und diffamiert hatte. 1969 war die »große Koalition« in einen Zustand versetzt, die der SPD den Übergang in die dritte Phase des »Wehner-Planes« ermöglichte. Nach den Bundestagswahlen dieses wichtigen Jahres 1969 gelangte die SPD mit Hilfe der F.D.P. dorthin, wohin sie beharrlich strebte: An die Regierungsspitze.

Damit hatte Wehner die gesteckten Ziele planmäßig erreicht. So wenig schwer es mir auch in den Jahren nach 1969 fiel, seine starke Hand bei der Stabilisierung der sozial-liberalen Koalition immer wieder zu erkennen – so undurchsichtig blieben auch weiterhin seine Beziehungen zu Spitzenfunktionären des kommunistischen Machtbereichs. Sieht man von offiziellen Begegnungen, etwa im Verlaufe von gegenseitigen Parlamentarier-Besuchen, ab (und auch bei derartigen Treffen war Wehner bekanntlich mehrfach »verschwunden«), dann verdeutlichten konspirativ durchgeführte Gespräche an verschiedenen Orten Wehners besondere Funktion. Nach meiner Überzeugung war, ist und bleibt er für Breschnew der Fürsprecher einer deutschen Politik, die Moskau auch zukünftig wirksame Einflußmöglichkeiten offenhält.

Daß Wehner über die deutsch-sowjetische Politik oft mit den Botschaftern Abrassimow und Falin gesprochen hat, um sich danach – an den Schalthebeln der Macht in Bonn – dafür einzusetzen, steht für mich außer jedem Zweifel. Der verfemte ehemalige Komintern-Agent und Verräter von einst war somit für die Sowjets nach meiner Meinung zum Partner in herausragender Position geworden.

Vor einigen Jahren habe ich aus dem Ausland von einem früheren hohen Beamten im Nachrichtendienst eine Analyse über Wehner erhalten. In ihr wurden zunächst seine eminente politische Begabung, seine Intuition, sein Improvisationsgeschick und seine »auf die Stunde bezogene Taktik« hervorgehoben. Zugleich jedoch hieß es, Wehner habe sich immer wieder »fast hemmungslos aller Mittel und Methoden kommunistischer Dialektik und Praxis bedient«. In seinen Argumentationen mischten sich, so war zu lesen, getreu sowjetischen Vorbildern Lockungen mit Einschüchterungen und Drohungen, »Umarmungen« mit Listen und Täuschungen. Der Bericht war entstanden, als sich unter anderen Verbün-

deten die Besorgnis ausbreitete, Wehner werde bei einem »Machtwechsel« in der Bundesrepublik Deutschland (d. h. bei einer Regierungsübernahme durch die CDU/CSU) zu »außerordentlichen Gegenmaßnahmen« bereit und fähig sein. Er enthielt als Kernstück die nachfolgenden Punkte, mit denen ich mich nicht in jeder Hinsicht identifizieren kann. Ich will sie meinen Lesern jedoch nicht vorenthalten:
»Wehners deutschland-politische Aktivitäten lassen folgende Deutung zu:

Erste Version:
1. Wehner hat sich vom Kommunismus gelöst und seiner Lehre abgeschworen (s. Wehners Rechtfertigungsversuche in den sogenannten »Notizen«).

    Wehner hat seine Entscheidung jedoch später teilweise revidiert und dies durch sein Verhalten und Vorgehen in entscheidenden Phasen der Deutschlandpolitik erkennen lassen.

2. Die sowjetische Führung hat Wehner daraufhin als »verlorenen Sohn« wieder aufgenommen. Sie hat Wehners Bemühungen um »Rehabilitierung« akzeptiert und seine dominierende Rolle in Opposition und Regierungskoalition abgestützt. Seitdem ist vom »Verräter« und »Denunzianten« nicht mehr die Rede.

Zweite Version:
3. Herbert Wehner hält an der Abkehr vom Kommunismus unwiderruflich fest. Seine Bekenntnisse zur freiheitlichen Demokratie und seine Angriffe gegen die Kommunisten im Innern der BRD sind echt. Seine Verhaltensweise gegenüber der Sowjetuinion und ihren Satelliten, einschließ-

lich der DDR, wird allein durch »Realpolitik« bestimmt.
4. Die sowjetische Führung respektiert Wehners Haltung – bis hin zu seinen distanzierten Äußerungen gegenüber den Kommunisten in der BRD. Als Gegenleistung erwartet Moskau jedoch auch weiterhin von Wehner die fortgesetzte Bestätigung besonderen Wohlverhaltens und uneingeschränkte Unterstützung der sowjetischen Deutschland- und Europapolitik.«

Daß auch diese »Analyse« die Rätsel um Wehner nicht zu lösen vermochte, bestätigte nur die eigenen Erkenntnisse. Desgleichen brachten auch Informationen, die mir nach dem Besuch einer Delegation des Deutschen Bundestages in der UdSSR vom 24. 9. bis 2. 10. 1973 zugingen, eher noch größere Verwirrung. Erneut wurde bewiesen, daß Herbert Wehner, im Deutschen Bundestag oft als Zwischenrufer und »Polterer vom Dienst« lautstark zu vernehmen, die leiseren Töne der Konspiration bevorzugte, wenn ihm dies notwendig erschien.

Bekanntlich waren es Wehners Moskauer »Gespräche außer der Reihe«, die seinerzeit die Öffentlichkeit erregten und zu allen möglichen Kombinationen führten. Wehner beeilte sich, diese Gespräche, die er – abgesetzt von der Delegation – »auf besondere Einladung« geführt hatte, nach Kräften herunterzuspielen. Er erklärte, daß seine Gesprächspartner Sagladin, damals stellvertretender Abteilungsleiter im ZK der KPdSU, Poljanow, Erster stellvertretender Chefredakteur der »Iswestija« und Ponomarew, zu dieser Zeit Vorsitzender des Ausschusses für auswärtige Angelegenheiten des Nationalitätenrates des Obersten Sowjets, mit ihm über die »Bedeutung des bilateralen Verhältnisses für die Entspannung« und die »volle und strikte Anwendung des Viermächte-Abkommens für Berlin« gesprochen hätten. Ich bezweifle keineswegs, daß die sowjetischen Politiker Wehner höchst eindringlich und unter Hinweis auf das gerade von ihm erwartete Wohlverhalten zur Einhaltung der Abkommen (damals ging es um die sogenannte »Berlin-Präsenz« des Bundes) aufgefordert haben. Nach den mir übermittelten Informationen waren dies aber nur die »offiziellen Besprechungspunkte«. Den Sowjets kam es vielmehr darauf an, unterhalb der obersten Führungsebene – Breschnew ließ seinem Freunde Willy Brandt über Wehner angeblich lediglich »herzliche Grüße« übermitteln – Wehner nachdrücklich an seine Verpflichtungen und an die Notwendigkeit zu erinnern, den Fortbestand der sozial-liberalen Koalition unter allen Umständen sicherzustellen. Wehner soll in diesem Zusammenhang auf die Führungsschwäche Brandts hingewiesen und die gefährliche Situation anläßlich des Mißtrauensvotums 1972 erläutert haben.

Sind dort – so frage ich mich – die geheimnisvollen Umstände zur Sprache gekommen, die damals die Abstimmungsniederlage Brandts verhindert haben? Ich habe – auch ohne letzte Kenntnis über die Manipultionen – niemals an einer Abgeordneten-Bestechung, vermutlich unter Einschaltung staatlicher Organe, gezweifelt. Daß eine »Aufklärung« planmäßig und offenkundig durch Verschleierung verhindert wurde, spricht für meine Annahme. Eines ist für mich jedenfalls ganz sicher: Wehner weiß genau, auf welche Weise Willy Brandt damals Bundeskanzler geblieben ist ... und Ehmke auch. Natürlich war ich während meiner Amtszeit interessiert, Herbert Wehner persönlich kennenzulernen. Ich wollte mir selbst ein Bild von dem Manne verschaffen, der einen so außergewöhnlichen Weg mit eiserner Konsequenz gegangen war. Es kam schließlich zu einem ersten (und einzigen) Zusammentreffen. Bei einem Frühstück hatten Herbert Wehner und ich uns nur wenig zu sagen. Nur er wird wissen, warum es dabei geblieben ist.

Bemerkungen zu Egon Bahr

Während Herbert Wehner die Richtlinien der SPD-Politik festlegte und ihre Durchführung überwachte, fiel Egon Bahr die Aufgabe zu, diese Politik in allen entscheidenden Gesprächen und späteren Verhandlungen mit kommunistischen Funktionären zu vertreten. Dabei verfügte Bahr über einen Verhandlungsspielraum, dessen Ausmaß erst bei Abschluß der Ost-Verträge deutlich wurde. Während dem damaligen Oppositionsführer Rainer Barzel Einblicke in die Gesprächsprotokolle der Moskauer Verhandlungen verweigert wurden, hatte Bahr bereits die Grundzüge des späteren Vertrages akzeptiert. Er hatte, dem Moskauer Diktat folgend, »Friedensregelungen« angenommen, die sich völlig einseitig zugunsten der Sowjetunion auswirken mußten.

Bahr war in nachrichtendienstlichen Zusammenhängen aufgefallen, als er – in seiner Eigenschaft als Pressesprecher des

Berliner Senats und späterer Berater des Außenministers Brandt – geheime Kontakte in Ost-Berlin wahrgenommen hatte. Sein wichtigster Gesprächspartner bei diesen Zusammentreffen in den ersten 60er Jahren war der 1. Sekretär der sowjetischen Botschaft in Ost-Berlin, Belitzki. Die nach geheimdienstlicher Methode erfolgte Abschirmung dieser Treffen war ähnlich perfekt wie die Verschleierung der späteren Begegnungen des Botschafters Abrassimow mit Herbert Wehner. Mit seiner bekannten Rede vor der Evangelischen Akademie in Tutzing am 15. 7. 1963 signalisierte Bahr nicht nur den Sowjets, sondern auch der DDR, wie weit die SPD bereit war, den sowjetischen »Friedensvorstellungen« entgegenzukommen.

Die Fäden zur SED und damit auch zur Staatsführung der DDR wurden indessen auf einem ganz besonderen Wege geknüpft. Um Egon Bahr in der Anfangsphase herauszuhalten, begann die SPD zunächst ohne ihn Geheimgespräche mit der Kommunistischen Partei Italiens (KPI). Im Auftrage Willy Brandts, der als Außenminister der Großen Koalition den Regierungschef (Kiesinger) nicht unterrichtete, sprachen Delegierte der SPD unter Leitung des schon erwähnten Leo Bauer 1967/68 in Rom und München mit Funktionären der KPI. Über diese Begegnungen wurde mir von verschiedenen nachrichtendienstlichen Quellen gemeldet. Ich habe selbstverständlich sofort den Chef des Bundeskanzleramtes in Kenntnis gesetzt, zumal die Geheimgespräche zwischen SPD und KPI schon bald eine Ausweitung erfahren hatten: Im Dezember 1967 hatten zwei der italienischen Gesprächspartner – Segre und Galluzzi – Ost-Berlin besucht und die SED-

Spitze über die Kontakte mit der SPD und den Inhalt der Besprechungen genau unterrichtet. Im Februar 1968 besuchte daraufhin eine 5-köpfige SED-Delegation Rom. Als danach Segre und Galluzzi im März 1968 in München erschienen, um den vorläufigen Abschluß der »Dreiergespräche« festzustellen, beteiligte sich auch Egon Bahr an diesem Zusammentreffen.

Nach allen Vorbereitungen konnte nur Egon Bahr berufen sein, die für die deutsche Ostpolitik entscheidenden Verhandlungen nach 1969 zu führen und die Vertragsabschlüsse vorzubereiten. Der »Moskauer Vertrag« vom 12. 8. 1970 bedeutete dabei den Auftakt und zugleich den Höhepunkt seiner Bemühungen.

Abschließende Bemerkungen zur Ostpolitik der SPD

Noch bevor die Verhandlungen Bahrs in Moskau anliefen, war mir von amerikanischer Seite eine »Lagebeurteilung« der SPD-Spitze zugegangen, die sich später in den wesentlichen Punkten bestätigt hat. Da es auch heute lohnend sein dürfte, sich darüber Gedanken zu machen, habe ich mich entschlossen, sie auszugsweise wiederzugeben:
»Nach Ansicht führender SPD-Politiker erfordert die starke Position der Sowjetunion als kommunistische Weltmacht von der Bundesregierung die Anerkennung aller ›Realitäten‹. – Nur durch eine entscheidende Verbesserung der Beziehungen zu Moskau, die durch die Erfüllung bestimmter sowjeti-

scher Forderungen mit Zugeständnissen erreicht werden muß, kann die Bundesregierung an der Entspannungspolitik teilhaben. Bei einer solchen Entwicklung muß eine – vorübergehende – Abkühlung der Beziehungen zu den USA in Kauf genommen werden.

Im Verhältnis zur DDR können Auflockerungen nur durch den eindeutigen Verzicht der Bundesregierung auf eine Wiedervereinigung Deutschlands in freier Selbstbestimmung und durch die uneingeschränkte Anerkennung der DDR erreicht werden. Zugeständnisse gegenüber der DDR sind nicht zu vermeiden, weil der Fortbestand der sozial-liberalen Koalition nur gesichert werden kann, wenn im Gegenzug gewichtige Erleichterungen für die Bevölkerung Berlins und der DDR offenkundig und nachweisbar werden. – Durch flexible Verhandlungsführung und geschickte Auslegung der Ergebnisse, einschließlich einer Erläuterung vor der Öffentlichkeit, muß verhindert werden, daß der Bundesregierung der Vorwurf allzu großer Nachgiebigkeit gemacht werden kann.
Vor allem in der Berlin-Frage, die als neuralgischer Punkt bei den westlichen Alliierten anzusehen ist, wird nicht nur von der sowjetischen, sondern auch von der DDR-Regierung Verständnis und wenigstens in einzelnen Punkten Entgegenkommen erwartet. Dabei ist davon auszugehen, daß allen Beteiligten am Fortbestand einer von der SPD geführten Bundesregierung gelegen sein muß.«
Unter Anwendung eines Teils dieser »Argumentation« hat Egon Bahr sich im April 1971 in Washington bemüht, vor amerikanischen Gesprächspartnern die Bedeutung eines in West-Berlin vorgesehenen sowjetischen Generalkonsulates

(als mutmaßlichen Kristallisationspunkt besonderer Aktivitäten) herunterzuspielen.

Daß die zuvor im einzelnen erwähnte »Beurteilung« mit meinen eigenen Erkenntnissen und den sich daraus ergebenden Folgerungen nicht übereinstimmte, lag auf der Hand. Allein die Bewertung der sowjetischen Zielsetzungen widersprach allen Feststellungen des Dienstes während meiner Amtszeit und, soweit ich weiß, auch danach. Insbesondere waren zum Zeitpunkt der »Analyse« keinerlei Hinweise vorhanden, daß die sowjetische Führung gewillt war, von ihren wichtigsten Zielvorstellungen abzuweichen.

Für mich galt es als selbstverständlich, daß Herbert Wehner aufgrund seiner Kenntnisse und Erfahrungen diese Zielsetzungen und ihre Unveränderlichkeit besser als jeder andere Politiker im Westen zu beurteilen vermochte. Es mußte also sehr gewichtige Gründe geben, daß er und andere führende SPD-Politiker, den Bundeskanzler eingeschlossen, der Sowjetunion wider jedermanns Einsicht nur »Friedensliebe« bescheinigen. Von der auf nachrichtendienstlichen Wegen immer wieder erkannten sowjetischen Absicht, unsere Wertvorstellungen von Freiheit und Menschenrechten zu zerstören, war jedenfalls nicht mehr die Rede.

DIE BEDROHUNG DER FREIEN WELT DURCH DEN AGGRESSIVEN UND EXPANSIVEN KOMMUNISMUS

Analysen der offensiven sowjetischen Global-Strategie im Blick auf die 80er Jahre

Seit nahezu vier Jahrzehnten habe ich – als Chef der Generalstabs-Abteilung »Fremde Heere Ost« an verantwortungsvoller Stelle in der Wehrmacht, nach dem Kriege an der Spitze des deutschen Auslandsnachrichtendienstes und in den Jahren nach meinem Ausscheiden als aufmerksamer Beobachter – jene Entwicklung verfolgt, die unser Schicksal weitgehend beeinflußt hat und nach meiner Überzeugung auch in Zukunft entscheidend bestimmen wird: Die Wirksamkeit und Ausbreitung des aggressiven Kommunismus, dessen zerstörerischer Kraft sich in erster Linie die sowjetische Weltmacht zur Durchsetzung ihrer Ziele bedient.

Für die lange Zeit intensiver Beobachtung standen mir in allen Phasen dieser Entwicklung zahllose geheime Informationen aus eigenem Aufkommen und von befreundeter Seite zur Verfügung. Sie ermöglichten, erweitert durch die Vielfalt des offenen Materials, fortgesetzt Analysen, deren Aussagewert weder durch Täuschung und Verschleierung der tatsächlichen Absichten noch durch temporäre Mißerfolge und Rückschläge der Sowjetunion beeinträchtigt werden konnte. Ich habe dabei festgestellt, daß den sowjetischen Aktionen und Operationen in allen Teilen der Welt eine fast unglaubliche

Folgerichtigkeit im Sinne ihrer Ideologie und eine einzigartige Zielstrebigkeit zugrunde lagen und selbstverständlich auch heute liegen. Und ich habe gleichzeitig erkannt, daß es nur eine einzige Möglichkeit gibt, diesen Absichten und Anstrengungen erfolgversprechend Widerstand zu leisten: Die Verteidigung der Freiheit unter Einsatz aller hierfür zur Verfügung stehenden Mittel.

In der Rückschau ist mir klar geworden, daß es seit der Oktoberrevolution nur einen Zeitraum gab, in dem die Sowjetunion als Kommunistische Führungsmacht gezwungen war, ihre weitgesteckten Ziele aufzugeben und sich ganz auf die Sicherung ihres Kerngebietes zu konzentrieren: Die ersten Jahre des zweiten Weltkrieges, als die deutsche Wehrmacht wichtige Teile der Sowjetunion eroberte und bis nach Moskau vorstoßen konnte, ehe sie nach dem Eingreifen der USA an der Weite des russischen Raumes zerbrach. Es steht außer Zweifel, daß die Sowjetunion ihr Überleben weitgehend der amerikanischen Hilfe verdankt, die sich mittelbar durch enorme Lieferungen von Waffen und Gerät, unmittelbar durch die Errichtung der zweiten Front nach geglückter Invasion 1944 als kriegsentscheidend erwies. Die Sowjetunion »verdankt« es aber auch der wahnwitzigen »Strategie« Hitlers, der über begrenzte Angriffsziele hinaus mit unzureichenden Kräften in die Tiefe des russischen Raumes vorstoßen ließ.

Nach Kriegsende und erfolgter Stabilisierung begann die Sowjetunion schon sehr bald, ihren europäischen Machtbereich durch Einverleibung der europäischen Randstaaten aufzubauen und durch absolute Gleichschaltung im Innern abzusichern. Den westeuropäischen Staaten, die sich – ebenso wie die USA – für eine demokratische Grundordnung entschieden hatten, setzten die kommunistischen Staaten Europas unter sowjetischer Lenkung und Anleitung totalitäre Regime entgegen.

Seither hat die sowjetische Staats- und Parteiführung, stets in Personalunion, ihre offensive Weltmachtpolitik mit wechselnden Schwerpunkten, jedoch mit gleichbleibender unheimlicher Konsequenz betrieben, ohne daß die nichtkommunistische, die freie Welt imstande war, diese Entwicklung aufzuhalten.

Die sowjetische Globalstrategie

Bei meinen Beobachtungen und Feststellungen bin ich zu dem Schluß gekommen, daß die globale sowjetische Strategie zwar von der kommunistischen Ideologie als der prägenden Kraft getragen und geleitet, in ihren Auswirkungen aber von pragmatischen Planungen und realpolitischen Folgerungen bestimmt wird. Zweifellos spielen beim Ansatz der sowjetischen Globalstrategie und beim dementsprechenden Einsatz der Mittel und Methoden auch wirtschaftliche Fragen und Probleme eine wichtige Rolle, schieben sich kaum zu begrenzende Möglichkeiten der Technik in den Vordergrund – dies ändert jedoch nichts an der Tatsache, daß eine in all den Jahren unveränderte Militärdoktrin häufig ihren dominierenden Einfluß auf politische Gegebenheiten deutlich erkennen läßt. Gegenüber der freien Welt gehört die von sowjetischer Seite immer wieder als vorrangig bezeichnete »Sicherung des eigenen Machtbereichs« – wer eigentlich sollte ihn gefährden? – zu den auch im Westen aufgegriffenen und von nicht wenigen »Friedenspolitikern« in sowjetischem Sinne benutzten »Schutzbehauptungen«. In Wirklichkeit bedeutet »Sicherung« nicht Festhalten am »status quo«, sondern die Erweiterung des Machtbereichs, die Ausbreitung damit auch des Kommunismus durch die Gewinnung zusätzlicher Machtpositionen in allen Teilen der Welt. Danach kann es keinen Zweifel geben, daß auch die sowjetische Führung von heute weder von den weltrevolutionären Zielsetzungen aus der Vergangenheit, die freilich auf jede nur denkbare Weise kaschiert werden, jemals abgerückt ist noch auf eine permanente Erweiterung der eigenen Positionen unter Anwendung einer durch und durch imperialistischen Machtpolitik verzichtet hat.

Wer heute, geblendet von »friedlicher Koexistenz« und »Entspannung«, an eine andere, weniger aggressive, nur auf die Wahrung und Verteidigung des »Besitzstandes« gerichtete, also an eine defensive sowjetische Politik glaubt und dies auch öffentlich vertritt, verkennt Ursprung, Wesen, Antriebskräfte und Zielsetzungen der sowjetischen Führungsmacht vollständig. Oder aber er weiß um diese Kräfte und Ziele und – verleugnet sie trotzdem, zum Nachteil und Schaden der freien Völker und Staaten. Nur aus einer derart falschen Gewichtung des offensiven Charakters der sowjetischen Politik und Strategie können Fehlbeurteilungen entstehen, wie sie sich im Westen, vor allem leider auch in der Bundesrepublik Deutschland, nur zu oft ergeben haben.

An Mahnern und Warnern hat es nie gefehlt. Ich zähle mich ganz bewußt zu ihnen, und dies an vorderer Stelle. Auch wenn mein Auftrag früher die Beurteilung der »Feindlage« war – ich will diese Begriffe aus der Kriegszeit nicht mehr verwenden. Das Wissen um die Absichten und Möglichkeiten des potentiellen Gegners gehört jedoch nach meiner Überzeugung zu den wichtigsten und vordringlichsten Aufgaben jeder Staatsführung. Wer wollte ernsthaft bestreiten, daß unserer freiheitlichen Demokratie in der Bundesrepublik Deutschland die einzige wirkliche Gefahr vom kommunistischen Machtbereich Europas droht? Es besteht also Veranlassung und Zwang, sich auch weiterhin so intensiv wie möglich mit diesem potentiellen Gegner zu befassen, seine Zielsetzungen, seine Methoden und Mittel zu erkennen und sie richtig zu interpretieren. Wir in der Bundesrepublik, die Bundeswehr und der Bundesnachrichtendienst, benötigen dazu kein »Feindbild« – dies können und sollten wir ganz allein der »Nationalen Volksarmee« der DDR überlassen, die ein solches mit Leidenschaft »pflegt« und beständig ergänzt. Was wir zu erstellen haben, sind nüchterne Analysen, die sich nur auf Fakten stützen.

Ich will zunächst versuchen, in sehr komprimierter Form die globale sowjetische Strategie in ihren Schwerpunkten aufzuzeigen, um daran einige Betrachtungen über herausragende aktuelle Entwicklungen anzuschließen. An den großen »Landfronten« der Sowjetunion ergibt sich für mich folgendes Bild:

1. Gegenüber Westeuropa

hat die sowjetische Führung unter Breschnew ihre Absicht niemals aufgegeben, die wirtschaftlich reichen, technologisch hochentwickelten Staaten des nichtkommunistischen Europa von den USA zu trennen und ihrem Machtbereich einzufügen. Die sowjetische Führung weiß, daß sie dieses »Endziel« in absehbarer Zeit gewaltsam, d. h. unter Einsatz militärischer Machtmittel, nicht erreichen kann. Militärische Operationen gegen Westeuropa, die vielfach in Planspielen geübt und vorbereitet sind, würden – dies ist den Sowjets klar – sofort Gegenmaßnahme der gesamten NATO, unter Einschluß amerikanischer Atomwaffen, auslösen. Auch auf sowjetischer Seite gibt es keine selbstmörderischen Generäle. Deshalb werden Angriffe gegen die westeuropäischen NATO-Länder nicht erfolgen. Selbstverständlich bleiben jedoch die hochgerüsteten sowjetischen Streitkräfte, die in ihren konventionellen Hauptteilen denen der NATO weit überlegen sind, in unverminderter Stärke gegenüber Westeuropa präsent.

Mittelfristiges Ziel der sowjetischen Strategie gegenüber Westeuropa ist die Neutralisierung der wichtigsten Staaten, vorrangig der Bundesrepublik Deutschland, und deren schrittweise Überführung in die »Finnlandisierung«. Ich benutze nur ungern diesen Begriff, weil ich damit das tapfere Volk der Finnen ansprechen muß, das den übermächtigen Sowjets heldenmutigen Widerstand geleistet und nun als Beispiel für die totale Unterdrückung eines Staates am Rande des sowjetischen Machtbereichs zu gelten hat. Daß die sowjetischen Absichten, einer Neutralisierung die »Finnlandisierung« folgen zu lassen, sich in erster Linie auf die Bundesrepublik Deutschland bezieht, steht für mich seit langem zweifelsfrei fest. Ich habe diese Auffassung immer und gegenüber jedermann mit Nachdruck vertreten. »Friedliche Koexistenz« und »Entspannung« in Europa sind deshalb aus sowjetischer Sicht und im sowjetischen Interesse – und allein diese gilt es richtig zu erkennen und zu analysieren – nichts anderes als Mittel zum Zweck, verbunden mit den bewährten kommunistischen Methoden der Verunsicherung, Aufweichung und Zersetzung, stets nur gerichtet auf das einzige Hochziel.

Zur sowjetischen Europa-Front rechne ich selbstverständlich auch die Positionen gegenüber Skandinavien, wobei neben dem NATO-Land Norwegen vor allem dem strategisch wichtigen neutralen Schweden nach sowjetischer Einschätzung besondere Bedeutung zukommt. Für mich war es nur eine Bestätigung, daß in den letzten Jahren vielfältige sowjetische Maßnahmen zur Verstärkung ihrer an sich schon weit überlegenen Ausgangsbasen gegenüber Skandinavien festgestellt wurden.

Gilt dies für die Nordflanke der NATO, so darf auch die gleichzeitig von sowjetischer Seite forcierte Bedrohung der Südflanke keinesfalls unterschätzt werden. In diesem Zusammenhang sehe ich auch die sowjetischen Absichten gegenüber Jugoslawien. Die Einbeziehung Jugoslawiens in den sowjetischen Machtbereich nach dem voraussehbaren Ausfall Titos, dessen integrierende Kraft sich jahrzehntelang dem sowjetischen Vorhaben entgegengestellt hat, gehört zu den unverzichtbaren sowjetischen Zielen.

Ich werde auf die sowjetische Politik der Lockungen und Drohungen gegenüber den westeuropäischen NATO-Ländern, den neutralen europäischen Staaten und dem bisher noch blockfreien Jugoslawien im Anschluß an diesen Überblick noch ausführlicher eingehen.

2. *Gegenüber der Volksrepublik China,*
an ihrer südöstlichen Landfront, hält die Sowjetunion an ihrer Konzeption fest, den Alleinanspruch als kommunistische Führungsmacht in der Welt zu behaupten und im Endziel nicht eine »Aussöhnung« mit der VR China durch Annäherung, sondern deren Unterwerfung zu erreichen. Ebenso wie gegen Westeuropa kann die Sowjetunion diese Absicht in absehbarer Zeit mit militärischen Mitteln nicht durchsetzen. Mögliche atomare Angriffe der Sowjets gegen die wichtigsten strategischen Ziele in der VR China würden zwar die chinesische Widerstandskraft wesentlich beeinträchtigen, eine rasche Entscheidung in der kriegerischen Auseinandersetzung der beiden großen kommunistischen Mächte jedoch keinesfalls herbeiführen. Von der sehr wahrscheinlichen, geradezu zwangsläufigen Ausweitung der Kampfhandlungen bis hin zum großen atomaren Weltkrieg, den die Sowjets ja unbedingt verhindern wollen, ganz abgesehen, würden die verfügbaren sowjetischen Landstreitkräfte nicht ausreichen, um China endgültig zu besiegen.

Gegenwärtig stehen an der etwa 6000 km langen Grenze der Sowjetunion zur VR China noch nicht einmal 50 sowjetische Divisionen – wesentlich mehr kann die Sowjetunion trotz ihres schier unerschöpflich erscheinenden Menschenreservoirs nicht einsetzen, ohne ihre vorrangige Front gegenüber Westeuropa zu schwächen, die für Operationen zwischen den beiden großen Fronten bereitgehaltenen Kräfte zu verringern und schließlich auf Reserven in der Tiefe des Raumes, die für die sowjetische Globalstrategie stets eine besondere Rolle spielen, zu verzichten.

3. *An der sowjetischen Südfront*
(gegenüber der Türkei, Iran und Afghanistan) kommt es den Sowjets nach meiner Lagebeurteilung darauf an, diese Länder vor ihren geostrategisch äußerst wichtigen Südregionen schrittweise in den eigenen Machtbereich einzubeziehen. Damit könnte – über die Türkei – die Südflanke der NATO ihres Eckpfeilers mit den militärisch bedeutsamen Meerengen beraubt, über Iran und Afghanistan der lang erstrebte Durchbruch zum Indischen Ozean (schon der Zaren Traum ...) erreicht und vor allem eine beherrschende, wahrscheinlich entscheidene Ausgangsbasis für Operationen gegen das für die westliche Welt lebenswichtige Erdölgebiet gewonnen werden.

Für die drei »Landfronten« der Sowjetunion gilt der elementare Grundsatz ihrer Militärdoktrin und Strategie, stets aus der inneren Linie des gesicherten eigenen Machtbereichs zu operieren. Die Sowjetunion wird also, davon bin ich zutiefst überzeugt, keine militärischen Operationen größeren Umfanges, d. h. unter Einsatz zahlenmäßig starker Landstreitkräfte, in einem von den eigenen Basen entfernt liegenden Raum durchführen. Dafür gibt es zahlreiche Beweise, auch in der jüngeren Zeit. Die sowjetische Führung ist 1962 vor einem Einsatz sowjetischer Truppen auf Kuba zurückgeschreckt, sie hat an zahlreiche Länder Waffen und umfangreiches Material geliefert, hat Berater gestellt und – in Afrika – »Stellvertreter« für ihre Interessen eingreifen und auch kämpfen lassen. Aber sie hat niemals sowjetische Soldaten mit einem Kampfauftrag, räumlich abgesetzt vom eigenen Machtbereich, zum Einsatz gebracht.

Neben den Kräften, die an den drei »Landfronten« eingesetzt sind und auf alle nur denkbaren Entwicklungen vorbereitet werden, gehört zur sowjetischen Globalstrategie eine planmäßig weltweite Bündnis- und Stützpunktpolitik sowie, wie bereits erwähnt, die Einbeziehung von sogenannten »Stellvertretern« – von der Einflußnahme bis zur Kriegführung – in das zielgerichtete Vorgehen.

Mit der Bündnis- und Stützpunktpolitik sowjetischer Prägung sowie mit dem Einsatz von »Stellvertretern« sollen
– die Westmächte und ihre natürlichen Verbündeten, in erster Linie auch Japan, von den für sie lebenswichtigen Erdölvorkommen im Nahen und Mittleren Osten sowie von den Rohstoffquellen in Afrika abgeschnitten und dadurch schließlich wirtschaftlich erpreßbar gemacht werden;
– die VR China als der andere große Gegner im Weltmaßstab vor weiterer Erstarkung und endgültigem Aufrücken in den Status einer Großmacht eingekreist, in ihrer

geopolitischen Manövrierfähigkeit entscheidend behindert und letztlich gleichfalls in totale Abhängigkeit gezwungen werden. Neben Nord-Korea und Vietnam als dem dominierenden Land im sowjetischen Herrschaftsbereich des ehemaligen Indochina sollen Indien, dessen freundschaftliche Beziehungen zur Sowjetunion kaum der Erwähnung bedürfen, sowie Pakistan und Afghanistan im Laufe der Zeit den Ring um das kommunistische China vervollständigen. Die gegenwärtigen »Störfaktoren« in diesem sowjetischen Plan – Thailand und das erwähnte Pakistan – sollen offenbar durch Druck- und Drohmaßnahmen oder auch durch Interventionen ausgeschaltet werden.

Folgt man den Leitlinien dieser sowjetischen Globalstrategie, wie ich sie aufgezeigt habe, dann wird die ganze gigantische Planung deutlich, nach der – allen Rückschlägen zum Trotz – die kommunistische Weltherrschaft langfristig erreicht werden soll. Es ist sicher richtig, daß von den aggressiven und expansiven strategischen Vorstellungen und Absichten der Sowjets, von Australien und zunächst wohl auch Indonesien einmal abgesehen, der amerikanische Gesamtkontinent (also auch Südamerika) weitgehend ausgeklammert bleibt. Zwar verfügt die Sowjetunion sozusagen »vor der Haustür« der USA in Kuba über einen strategisch eminent wichtigen Stützpunkt – es gibt aber keinen Zweifel, daß Kuba sofort verloren wäre, wenn die USA ernsthaft daran dächten, etwa im Zusammenhang mit kriegerischen Entwicklungen in anderen Erdteilen, diesen sowjetischen Stützpunkt auszuschalten. Vielleicht erinnern sich einige meiner amerikanischen Freunde gelegentlich noch an meinen Rat, den ich ihnen 1962 gegeben habe: Diese gefährliche kommunistische Bastion, die zugleich eine vorzügliche Ausgangsbasis für die kommunistische Infiltration Lateinamerikas darstellt, durch raschen Zugriff in ihren Machtbereich einzufügen (so wie es die Sowjets in vergleichbarem Falle selbstverständlich getan hätten). Allerdings darf in diesem Zusammenhang die Feststellung nicht fehlen, daß weder kubanische noch auch sowjetische Aktivitäten in Lateinamerika bisher zur Gewinnung wesentlicher, für die USA ernsthaft bedrohlicher Stützpunkte geführt haben.

Um so eindeutiger, ich wiederhole dies, konzentrieren sich die sowjetischen Anstrengungen, bestimmt von unzweifelhaft offensiven Absichten, auf die mit Abstand bedeutendste »Landfront« gegenüber dem hochtechnisierten Westeuropa. Dabei kann die sowjetische Lagebeurteilung nicht nur von der bestehenden Überlegenheit an den Grenzen selbst, sondern darüber hinaus von den Abhängigkeiten Westeuropas ausgehen. Das Resultat ist die gegenwärtige Verzahnung der sowjetischen Globalstrategie in drei Bereichen. Sie umfaßt Aktionen gegenüber der labilen »Südfront«, gerichtet auf die Ölregion, und Operationen in Afrika, gezielt auf die Rohstoffe dieses Erdteils, um Zwang und Druck auf Westeuropa zu verstärken.

In vier kurzen Betrachtungen und Analysen will ich diese komplexe Entwicklung, wie ich sie sehe, abschließend behandeln:

1. Lockungen und Drohungen gegenüber Westeuropa – Schwerpunkte der sowjetischen Deutschland- und Europapolitik
2. »Stellvertreter« und Stützpunkte in Afrika – die gegen den Westen gerichtete sowjetische Afrika-Politik
3. Der Kampf um die für den Westen lebenswichtige Erdöl-Region – sowjetische Aktionen im Nahen und Mittleren Osten
4. Herausforderung durch die Sowjets – Forderungen an den Westen. Die Bedeutung und Verpflichtung der Bundesrepublik Deutschland für die Verteidigung Westeuropas.

Lockungen und Drohungen gegenüber Westeuropa – Schwerpunkte der sowjetischen Deutschland- und Europapolitik

Unter diesen Leitthemen habe ich die Schlußkapitel meines ersten Buches »Der Dienst« geschrieben – sie beherrschten wie sebstverständlich auch mein zweites Buch »Zeichen der Zeit«. In den Jahren danach ist die Zahl der Bücher, der Schriften und Zeitungsartikel zu diesen unseren Schicksalsfragen derart ins Unendliche gewachsen, daß ich beim besten Willen nicht einmal alle bedeutenderen Beiträge lesen konnte. So habe ich mich auf die nach meiner Meinung wichtigsten Aussagen konzentriert, wobei mir manche Betrachtungen und Wertungen ausländischer Beobachter unserer Situation wesentlich interessanter und schlüssiger erschienen als die Äußerungen deutscher Autoren. Wenn ich hier – stellvertretend für andere – ausnahmsweise einen Namen nenne, so deshalb, weil sich Fred Luchsinger in seiner »Neuen Zürcher Zeitung« durch besondere Urteilsfähigkeit, verbunden mit konstruktivem Wirken für ein freies Europa, ausgezeichnet hat. Demgegenüber habe ich Ausführungen deutscher Politiker wenig verstanden, die sich als Buchautoren, in Interviews, in Reden und anderen Bekundungen mit nichtssagenden Stellungnahmen profilieren wollten.

Die herausragende Bedeutung Westeuropas für die globale sowjetische Strategie habe ich bereits angesprochen – sie ist, wenn auch natürlich unter den verschiedensten Aspekten, im Grunde unbestritten. Niemand verkennt das sowjetische Interesse – nicht wenige ignorieren jedoch die sowjetische Absicht, sich langfristig dieses Raumes zu bemächtigen. Auch ich glaube, daß es eine der letzten sowjetischen Eroberungen sein würde, wenn sich die kommunistische Weltrevolution jemals ihren unverändert gebliebenen Endzielen nähern sollte – aber ich bin ganz sicher, daß auf die Einbeziehung Westeuropas, mit der Bundesrepublik Deutschland an erster Stelle, niemals verzichtet würde. Nichts spricht dafür, daß sich die offensiven Absichten Moskaus zukünftig ändern werden.
Es ist deshalb fahrlässig, ja gefährlich, wenn westliche Politiker, und auch hier wiederum Minister und Abgeordnete deutscher Parteien, den »friedliebenden Charakter« der sowjetischen Politik erkennen möchten und die führenden Exponenten der sowjetischen Staats- und Parteispitze als Garanten einer demstprechenden Strategie begreifen wollen. Es gibt nur sehr wenige »Argumente«, die zur Stützung solcher »Wertungen« überhaupt ins Feld geführt werden können –

sie sind samt und sonders fragwürdig genug und durch eindeutige Gegenbeweise widerlegt. Die These von der »friedlichen Sowjetunion« wird im wesentlichen auf die sogenannten »Ostverträge« gestützt. Ich habe bereits in anderem Zusammenhang meine Kritik an diesen Verträgen bekundet. Ob es sich um Abschlüsse handelt, die sich ausschließlich auf die Bundesrepublik Deutschland beziehen, oder auf umfassendere Abkommen: Immer erfolgten sowjetische »Konzessionen«, die als solche auch noch überschwenglich gefeiert wurden, sehr genau dosiert und nur zu dem Zweck, mit ihrer Hilfe in Wirklichkeit zu Fortschritten und Vorteilen zu gelangen. Sowjetische Zugeständnisse, in welchen Bereichen auch immer, erwiesen sich vielfach als Bumerang, der diejenigen traf, die elementare sowjetische Verhandlungsgrundsätze vergessen und deren taktisch häufig geschickte Umsetzung bei der Anwendung übersehen oder auch ignoriert hatten. Ich kann darauf verzichten, meinen Lesern an dieser Stelle nochmals Einzelheiten über Versäumnisse und Fehler der Bundesregierung beim überhasteten »Aushandeln« der Ostverträge aufzuzeigen. Zu diesem leidigen Thema haben sich inzwischen viele berufene Zeugen der Zeitgeschichte unmißverständlich geäußert. – Das Ringen des Westens um Freiheit und Menschenrechte hat zwar zu den bekannten Vereinbarungen mit den Sowjets in der vielzitierten »Schlußakte« von Helsinki geführt. Ich sehe jedoch auch in diesen Abmachungen keine dauerhafte »Friedensregelung«, die von den Sowjets ihren wesentlichen Vertragspartnern gegenüber eingehalten wird. Vielmehr ergeben sich für die Sowjets immer neue Möglichkeiten, sich durch eine besondere Auslegung der gemeinsamen Beschlüsse den auf dem Papier eingegangenen Verpflichtungen in der Praxis zu entziehen. Ein kurzer Hinweis auf die sogenannten »Abweichler«, die »Dissidenten« in der Sowjetunion selbst sollte auch hier genügen.

Veränderungen in der sowjetischen Führung zeichnen sich nicht ab, weder bei den Personen noch in den großen Zielsetzungen. Natürlich wird Breschnew, der sich trotz schwerer gesundheitlicher Schäden unangefochten an der Spitze gehalten hat, eines Tages einem Jüngeren Platz machen. Die kollektive Führung wird bleiben, es wird einen jüngeren Kossygin, Suslow oder Ustinow geben – aber nach meiner Überzeugung eben auch wieder einen »neuen Breschnew« als »primus inter pares«, der die alte Politik betreiben wird. Diese Politik heißt zu allererst die Wahrung der Geschlossenheit des eigenen Lagers, der kommunistischen Staaten unter sowjetischer Herrschaft. Es wird weiterhin die »Breschnew-Doktrin« geben, die vorschreibt, jedes Land des sowjetischen Machtbereichs in Europa unter die Botmäßigkeit zu zwingen, erforderlichenfalls mit Gewalt.

Ich habe häufig gehört und gelesen, daß die Sowjets nach der Invasion der Tschechoslowakei 1968 (über die der BND bekanntlich präzise und vor allem rechtzeitig berichtet hatte) eine ähnliche Gewaltanwendung »mit Rücksicht auf die Weltöffentlichkeit« unterlassen würden. Das ist eine wahrhaft naive Vorstellung! Wer ernsthaft an eine »Zurückhaltung« der Sowjets in vergleichbarer Situation glauben sollte, verkennt das Wesen der heute wie vor 10 Jahren gegenüber Prag gültigen »Breschnew-Doktrin«, verkennt Gehalt und Gewicht der sowjetischen Machtpolitik überhaupt. Es ist die oberste Maxime sowjetischer Block- und Bündnispolitik, unter keinen Umständen einem unterworfenen, dem eigenen Machtbereich eingefügten Lande nennenswerten politischen Spielraum zu gewähren. Manche Leser könnten mir als Beispiel Rumänien entgegenhalten, das unter seinem zweifellos sehr geschickten Staats- und Parteichef Ceaucescu versucht hat, eine gewisse Eigenständigkeit zu gewinnen. Ich bin jedoch – auch aufgrund zahlreicher Informationen, die ich von befreundeter Seite über die »Sonderrolle Rumäniens« erhalten habe –, davon überzrugt, daß dieser »eigene Weg« niemals in jugoslawische Bahnen hätte führen können. Vielmehr halte ich die Besonderheit des – letzlich doch immer wieder ersichtlichen – Zusammenwirkens zwischen der sowjetischen Führung und Ceaucescu für ein »Spiel mit verteilten Rollen«, wie es – als Variante – auch zum sowjetischen Verhalten gegenüber Westeuropa gehört. In Wirklichkeit wird es nirgends mehr einen »Prager Frühling« im sowjetischen Machtbereich geben. So wie die »Dissidenten« in der Sowjetunion weiterhin brutal verfolgt und mundtot gemacht werden, wird die sowjetische Führung in jedem kommunistischen Land Europas sofort eingreifen, auch mit militärischen Mitteln und – ohne Rücksicht auf die Weltöffentlichkeit.

Ich bin jedoch sicher, daß solche Gewaltmaßnahmen nicht notwendig sein werden, sind doch in den strategisch wichtigsten Ländern des Warschauer Paktes, die von der Sowjetunion als Ausgangsbasen genutzt werden können, in der DDR, in Polen, in der Tschechoslowakei und in Ungarn für alle Fälle sowjetische Truppen stationiert.

Die Bundesrepublik Deutschland, Westeuropa und die NATO stehen also einem potentiellen Gegner gegenüber, dessen festgefügter politischer Block keine Risse aufweist (und in absehbarer Zeit keine wirklich erfolgversprechenden Ansatzmöglichkeiten bietet). Alle anderen Beurteilungen der Geschlossenheit des kommunistischen Lagers in Europa unter sowjetischer Führung sind reines Wunschdenken! – Der Sowjetblock taucht, seine Stärke nutzend, den Westen fortgesetzt – und zwar solange ich diese Entwicklung beobachte – in ein Wechselbad der Lockungen und Drohungen. Dabei spekulieren die Sowjets und ihre Verbündeten, man kann sie getrost noch Satelliten nennen, auf naive, vergeßliche oder gefährliche Geister auf westlicher Seite, die den Lockungen erliegen und die Drohungen ohne Gegenwehr hinnehmen. Ich habe die Hoffnung aufgegeben, daß Schwankende im Westen durch Schaden hätten klug werden müssen. Es war eine trügerische Hoffnung ... Ich erlebe auch heute immer wieder, daß allen Erklärungen und Erfahrungen zum Trotz der Gegner falsch eingeschätzt wird.

Es liegt nahe, an dieser Stelle auf das militärische Kräfteverhältnis näher einzugehen. Eine umfangreiche Darstellung würde jedoch den Rahmen dieses Buches sprengen. Deshalb muß ich mich auf einige kurze Bemerkungen und Hinweise beschränken. Wenn schon die tragenden politischen Kräfte in den wichtigsten westeuropäischen Ländern dem geschlossenen und gemeinsam handelnden sowjetischen Block noch immer keine wirksame politische Einheit entgegenzusetzen vermögen, dann sollte wenigstens das militärische Gleichgewicht gesichert und damit der Schutz vor Überraschungsan-

griffen gewährleistet sein. Das Europa-Parlament ist sicher ein Fortschritt – was aber gilt dieses Gremium gegenüber der nachlassenden Bereitschaft, alles Mögliche und Notwendige für die Verteidigung Westeuropas zu tun?
Ich kann ganz einfach nicht schweigend über ein militärisches Lagebild hinweggehen, das zwar bei den Experten durchaus realistisch beurteilt, von vielen Politikern jedoch vernebelt oder gar bewußt unzutreffend dargestellt wird. Mir standen für meine Untersuchungen, die ich – Division um Division, Panzer um Panzer, Flugzeug um Flugzeug, Rakete um Rakete – immer wieder angestellt habe, alle erreichbaren fundierten Unterlagen zur Verfügung, die Weißbücher des Bundesministeriums der Verteidigung »zur Sicherheit der Bundesrepublik Deutschland und zur Entwicklung der Bundeswehr« ebenso wie umfangreiche amerikanische und englische Studien und Analysen. Aus ihnen ergibt sich, ohne daß ich die wiederholt veröffentlichten Zahlen wiederholen muß, die erhebliche Überlegenheit der konventionellen Streitkräfte des Warschauer Paktes. In den für mich ausschlaggebenden, auf nachrichtendienstlichen Daten beruhenden Erkenntnissen und Ergebnissen sind keine nennenswerten Abweichungen festzustellen. Ein eindeutiges Lagebild also, das zu Konsequenzen zwingt!

Wie schon angedeutet, füge ich noch einige Bemerkungen und Feststellungen zur Situation an den Flanken der zentralen europäischen Front entlang den Grenzen der Bundesrepublik Deutschland an.
An der Nordflanke führt das erwähnte zahlenmäßig erdrückende sowjetische Übergewicht insbesondere in Norwegen

immer deutlicher zu der Auffassung, daß das strategisch wichtige NATO-Land den Sowjets beständiges Wohlverhalten (und damit auch eine freiwillige Beschränkung möglicher Gegenmaßnahmen) anzeigen müsse. Die gesteigerte sowjetische maritime Präsenz im Operationsraum der Barents-See, mit dem neuerdings erweiterten Stützpunkt Murmansk als wichtigster Ausgangsbasis, ist die auffälligste Entwicklung. Im Gegensatz zu Norwegen bewahrt Schweden eine wehrhafte Neutralität, wobei sich das Land – ähnlich der Schweiz – natürlich auf Selbstschutzaufgaben beschränken muß. Ich rechne mit weiteren sowjetischen Maßnahmen, um die Bedrohungssituation an der NATO-Nordflanke, den Übergang in den Atlantischen Ozean eingeschlossen, noch zu verstärken.

An der Südflanke gilt, auch dies habe ich schon kurz anklingen lassen, das Hauptinteresse der Sowjets – neben der Türkei – der Entwicklung in Jugoslawien nach Titos Tod. Die Sowjets haben – dies ist mein Informationsstand – rechtzeitig vorgesorgt, um sich das Nationalitätenproblem des Landes ebenso nutzbar zu machen wie die zu erwartenden Spannungen in der kollektiven Führung. Titos Nachfolger werden sich, davon bin ich fest überzeugt, Diadochenkämpfe liefern. Sie werden nicht in der Lage sein, die Blockfreiheit des Landes auf Dauer zu sichern. Die Sowjetunion ihrerseits hat alle Vorbereitungen längst getroffen, um eine für ihre Absichten günstige Situation auszunutzen. Das strategische Ziel ist in diesem Falle die Bedrohung und gegebenenfalls auch Ausschaltung der durch Italien gebildeten Südflanke der NATO.

Es ist mir unverständlich, daß aus den übereinstimmend anerkannten Fakten und ständig berichteten Tatsachen die notwendigen Folgerungen nicht rechtzeitig gezogen wurden. Vielmehr wurden einzig und allein die atomaren Waffen der USA als ausreichender Schutz für Westeuropa, als eine gewisse Garantie für die Aufrechterhaltung des »status quo« angesehen. Erst als sich herausstellte und – viel zu spät – auch von den Verantwortlichen zur Kenntnis genommen wurde, daß die Sowjets auch in Teilbereichen der atomaren Waffensysteme nicht nur mit den USA gleichgezogen, sondern Vorsprünge erzielt hatten, änderten sich die erstarrten Lagevorstellungen der Politiker. Inzwischen hat sich die Beurteilung durchgesetzt, daß es den Sowjets – dank der Nachlässigkeit des Westens – gelungen ist, nun auch militärisch die Ausgangspositionen entscheidend zu verbessern. Längst sind modernste Mittelstreckenraketen der Sowjets in ständig wachsender Zahl auf die strategisch wichtigen Ziele in Europa gerichtet, ohne daß die interkontinentalen Systeme der Amerikaner diese hochgradige Bedrohung auszugleichen vermögen. Auch die »Abrüstungsverhandlungen«, die bekanntlich in der Hauptsache zwischen den Amerikanern und den Sowjets unmittelbar geführt wurden, hatten bisher keine Erleichterungen, sondern eher Verwirrung zur Folge. Für mich gibt es keinen Zweifel, daß die Sowjets an solchen Gesprächen festhalten werden, soweit sie es im eigenen Interesse für nützlich halten. Sie werden sie jedoch auch zukünftig – mit bewußten Verzögerungen – so steuern, daß »Abrüstung« – ebenso wie »friedliche Koexistenz« und »Entspannung« – ein variables Mittel der sowjetischen Globalstrategie bleibt.

Es ist umumgänglich, daß die meistgefährdeten westeuropäischen Länder in engstem Zusammenwirken mit den Amerikanern unverzüglich die notwendigen Gegenmaßnahmen treffen. Denn nur mit ihrer Hilfe wird es möglich sein, eine Art Gleichgewicht der Kräfte aufrecht und damit die Voraussetzung zu erhalten, daß die Sowjetunion auf absehbare Zeit ihre Aggressionsabsichten gegenüber Westeuropa nicht in militärische Operationen übergehen läßt. So wenig wahrscheinlich ein Großangriff gegen Westeuropa im Rahmen der sowjetischen Globalstrategie ist – ich habe darüber geschrieben –, so sehr können Versäumnisse den Anreiz bedeuten, »die Gunst der Stunde zu nutzen«. Um wirklich sicher zu sein, kommt es deshalb darauf an, die militärische Abwehrkraft Westeuropas entscheidend zu verstärken. Dies kann nach meiner Meinung in erster Linie dadurch geschehen, daß die zunächst abgelehnte Neutronenwaffe von den USA produziert und in Westeuropa eingesetzt wird. Sie bietet den sichersten Schutz gegen mit überlegenen Kräften geführte Panzerangriffe. Es mag interessant zu lesen sein, daß die Sowjets sich darauf vorbereitet haben, die Bundesrepublik Deutschland im Kriegsfalle mit drei Panzerkeilen – durch die Norddeutsche Tiefebene, die Fuldaer Senke und den Hofer Korridor – zu überrollen. Es wäre sicher noch wesentlicher, als sich die Gruppierung der in der Bundesrepublik Deutschland stationierten alliierten und deutschen Divisionen gegen diese Planung zu überlegen, ernsthaft an eine eigene atomare Gefechtsfeldplanung der Europäer selbst zu denken. Ich kann mir nicht vorstellen, daß es nicht möglich sein sollte, zu einer erfolgversprechenden Verteidigung Westeuropas auch den französischen Partner zu gewinnen.

Es ist sicher richtig, daß die USA durch den Einsatz ihrer Streitkräfte in Europa auch sich selbst verteidigen. Andererseits kann der Zeitpunkt kommen, an dem die Amerikaner ihre europäischen Verbündeten zu verstärkten Anstrengungen und Leistungen auffordern werden, womöglich müssen, wenn weltweite Entwicklungen die Führungsmacht der freien Welt zu Umdispositionen zwingen. Niemand mag daran denken. Aber ich meine, die Verantwortlichen vor allem auch in der Bundesrepublik Deutschland sollten Vorsorge treffen.

Unser Land ist in Europa das am meisten gefährdete. Es ist mit der äußerst schwierigen Situation des geteilten Deutschland konfrontiert und es ist verpflichtet, die Freiheit Berlins zu sichern. Kein Zweifel, daß die Sowjets in den Jahren nach dem Zusammenbruch Deutschlands von der einzigartigen Hebelwirkung, die auf unsere alte, geteilte Hauptstadt anzuwenden ist, vielfach Gebrauch gemacht haben. Es ist der Berliner Verdienst und unser Glück, daß sich die drei verantwortlichen Westmächte in einer bisher einmaligen Weise für Berlins Schutz verbürgt haben.
Dennoch – oder auch gerade deshalb, weil Berlin längst zum Symbol der Freiheit geworden ist – wird die Sowjetunion nichts unterlassen, um in den nächsten Jahren die Druckmöglichkeiten auf Berlin, verbunden mit Drohungen, immer wieder deutlich zu machen. Wird nicht rechtzeitig Einhalt geboten, können derartige Maßnahmen erpresserischen Charakter erhalten. An Berlin wird sich, dies ist meine Überzeugung, immer wieder am besten messen lassen, ob die sowjetischen Aktionen zur Einschüchterung und Verunsicherung

der Bundesrepublik Deutschland in ihrer Gesamtheit neue Akzente erhalten.

Bevor ich zum Abschluß dieses Kapitels die sich aus der unmittelbaren Konfrontation unseres Landes mit dem sowjetischen Machtbereich ergebenden Forderungen nochmals zusammenfasse, will ich in den nachfolgenden Abschnitten in der gebotenen gedrängten Form die sowjetischen Bemühungen umreißen, Westeuropa durch Aktionen und Operationen in anderen Erdteilen von lebenswichtigen Rohstoffen und Produkten abzuschneiden und damit seine Widerstandskräfte zu schwächen.

»Stellvertreter« und Stützpunkte in Afrika –
die gegen den Westen gerichtete sowjetische Afrika-Politik

Die Abhängigkeit der westlichen Industrienationen von den Rohstoffen Afrikas ist eine Tatsache, die für die globale sowjetische Strategie von größter Bedeutung ist. Deshalb haben die Sowjets die Loslösung der afrikanischen Völker und jungen Staaten von der Kolonialherrschaft westeuropäischer Länder in vielseitiger Weise unterstützt, allerdings in keinem Falle durch den Einsatz sowjetischer Soldaten.

Das äußerst unglückliche Verhalten der früheren Kolonialmächte hat – von wenigen Ausnahmen abgesehen – zweifellos am meisten dazu beigetragen, daß sich die Abkehr vom »Mutterland« zur vollständigen Trennung, bei mehreren jungen afrikanischen Staaten sogar zur Feindschaft entwickeln konnte. Die in diesem Zusammenhang festzustellenden

Versäumnisse und Fehler sind längst als ein besonders trauriges Kapitel in die lange Zeit eng verflochtene Geschichte der europäisch-afrikanischen Beziehungen eingegangen. Sie haben den Traum von »Eurafrika« gründlich zerstört.

Ich habe mit besonderem Interesse die sowjetischen Folgerungen und Konsequenzen aus dem Fehlverhalten und Versagen der beteiligten westlichen Länder beobachtet. Während die Sowjets zunächst mit allen Mitteln bestrebt waren, auch den friedlich geregelten Übergang überall zum »Befreiungskampf« umzufunktionieren, folgten bald andere Überlegungen. Sie enthielten die Planung, das eine oder andere afrikanische Land durch gezielte und größere Hilfen zu binden und zu einem sowjetischen Stützpunkt, zu einem Kristallisationspunkt als Ausgangsbasis für weiterreichenden Maßnahmen aufzubauen.

Daß diese Phase der sowjetischen Afrika-Politik, die ich genau zu verfolgen vermochte, nach dem westlichen Dilemma keine nennenswerten Erfolge, vielmehr in einigen Ländern sogar empfindliche Rückschläge brachte, hat Gründe, über die es sich nachzudenken lohnt.

Sie lassen sich dahingehend zusammenfassen, daß die betroffenen afrikanischen Staaten in der Sowjetunion zwar nicht die ausbeuterische Kolonialmacht von früher, jedoch eine Weltmacht erkannten, für die Unterstützungen und Aufbauhilfen nur Mittel zum Zweck der Mehrung eigener Macht waren. Dies zeigte sich deutlich bei den sowjetischen Lieferungen, die – häufig quantitativ und qualitativ völlig unzureichend – in allen Bereichen weit hinter vergleichbaren Leistungen der westlichen Industrienationen zurückblieben. Noch klarer wurden die sowjetischen Absichten und Ansprüche, als sowjetische Auslandsvertretungen in jungen afrikanischen Staaten – nach Ansicht aller Experten viel zu früh – versuchten, ideologisches Gedankengut zu verbreiten und Einfluß zu gewinnen. So kam es vor allem in Guinea zu einem vielbeachteten Eklat, als Staatschef Sekou Touré die kommunistische Unterwanderung seiner Jugendorganisation durch sowjetische »Missionare« aufdeckte und den sowjetischen Botschafter des Landes verwies. Mit großer Wahrscheinlichkeit trugen auch die chinesischen Bemühungen an der Ostküste Afrikas, die zuerst in Sansibar zum Erfolg führten, zur Eindämmung der sowjetischen Ambitionen und Maßnahmen bei. Jedenfalls gelang es den Sowjets nicht, in den ersten Jahren der nachkolonialen Entwicklung in Afrika Fuß zu fassen. Meine amerikanischen und englischen Freunde haben oft mit mir über die voraussichtlichen weiteren Schritte der Sowjets in Afrika gesprochen. Wir haben bei diesen Lagebeurteilungen übereinstimmend festgestellt, daß die Sowjets – ungeachtet bisheriger negativer Ergebnisse und Erfahrungen – nichts unversucht lassen würden, um den Westen gerade in Afrika zu treffen, ihn von den lebenswichtigen Rohstoffen dieses Raumes abzuschneiden.

Auf sowjetischer Seite entstand der Plan, sowjetische Berater und Experten nur noch an bestimmten Schwerpunkten einzusetzen, um damit die Einwirkung auf marxistisch ausgerichtete Regierungen fortzusetzen bzw. »Freiheitsbewegungen« in staatlich noch nicht gefestigten Ländern zu unterstützen. In anderen Ländern, der Mehrzahl, in denen Stützpunkte gehalten oder zusätzlich gewonnen werden sollten, wurden nach und nach sogenannte »Stellvertreter« eingesetzt. Sie wurden in allen Bereichen tätig, insbesondere in der gesamten Infrastruktur. Ihr Einfluß kann gar nicht überschätzt werden. – Für meine eigenen Beobachtungen sind natürlich die »Stellvertreter«-Einsätze auf militärischem Gebiet von herausragendem Interesse, weil in den betroffenen jungen Staaten Afrikas die Streitkräfte das alles beherrschende Machtinstrument darstellen. Die diktatorischen Züge vieler Regierungen sind ebenso wie die häufig umstürzlerischen Bestrebungen und Putsche auf den Besitz und die Ausnutzung der militärischen Macht zurückzuführen.

Bei den Streitkräften der für die Sowjetunion strategisch wichtigen afrikanischen Länder, die in ihre Herrschaftssphäre einbezogen werden sollen, überwiegen »Stellvertreter« aus Kuba und der DDR. Dabei sind die zahlenmäßig sehr viel stärkeren kubanischen Kontingente – z. Zt. befinden sich mehr als 40 000 kubanische Soldaten in Afrika – nicht nur als Berater und Ausbilder, sondern in zusammengefaßten Einheiten auch als Kampftruppen vorgesehen. Daß ihr Kampfwert indes nicht sehr viel höher einzuschätzen ist als der ihrer afrikanischen »Schutzbefohlenen« selbst, ergab sich im Sommer 1975, als es südafrikanischen Soldaten gelang, tief nach Angola vorzustoßen. – Von weit größerem Interesse ist für mich – und natürlich auch für den BND – das militärische Engagement der DDR in Afrika. Während das Grundgesetz der Bundesrepublik Deutschland jeden Einsatz deutscher Soldaten im Ausland untersagt, hat die DDR auf sowjetisches Verlangen einige Tausend Berater und Ausbilder in mehrere afrikanische Länder entsandt. Dies sind die eigentlichen

»Stellvertreter« der Sowjets, weil sie aus dem gesamten Satellitenbereich als Soldaten des zuverlässigsten und am besten integrierten Verbündeten ausgewählt wurden.

Es ist natürlich schwer vorauszusagen, bis zu welcher Gesamtstärke das militärische Kontingent der DDR in Afrika noch erweitert wird. Nachdem jedoch die von den Sowjets erwartete heftige Reaktion im Westen – von verschiedenen Ausnahmen abgesehen – bisher ausgeblieben ist, erwarte ich eine schrittweise erhebliche Verstärkung, zumal das disziplinierte Auftreten der DDR-Soldaten offenbar geeignet ist, die internationale Aufwertung der DDR in einem für hilfsbedürftige Staaten attraktiven Bereich noch zu steigern. Ich frage mich immer wieder: Was wäre, wenn umgekehrt unsere Bundeswehr – in Abstimmung mit den USA, für die ganz gewiß jede Form einer Entlastung hilfreich wäre – in Ländern außerhalb Europas militärische »Entwicklungshilfe« leisten würde? Abgesehen von dem im Grundgesetz festgelegten Verbot – selbstverständlich würden weltweite wütende Proteste und Drohungen die unausbleibliche Folge sein... Wo bleiben, so frage ich mit aller Eindringlichkeit, wenigstens eindeutige Unterrichtungen der deutschen Öffentlichkeit durch die Bundesregierung zu diesem Thema, das viele bewegt? An Informationen mangelt es in diesem Falle wirklich nicht – wahrscheinlich aber an der Bereitschaft, sie zu veröffentlichen.

Ich habe in meinem Buch »Zeichen der Zeit« bewußt ein ganzes Kapitel den DDR-Exponenten im Ausland gewidmet. Es lautete: »Mit Ungestüm auf die Weltbühne – die DDR die

›besseren Deutschen‹?« Damals habe ich mich darüber empört, daß die DDR die alten preußischen Armeemärsche, darunter den meistgespielten »Marsch des Yorckschen Korps«, den »Hohenfriedberger« und »Preußens Gloria«, ebenso für sich okkupiert hatte wie Yorck und Gneisenau, Scharnhorst und Clausewitz. Heute stelle ich mit Verbitterung fest, daß die »Stellvertreter« der Sowjets aus der DDR in Afrika eine neue, gefährliche Form des Kolonialismus ungehindert zu praktizieren vermögen.

Die Schwerpunkte der sowjetischen Afrika-Politik und damit auch die Haupteinsatzländer der »Stellvertreter« liegen seit Jahren fest. Sie ergeben sich, wie könnte es anders sein, beinahe zwangsläufig aus der sowjetischen Globalstrategie. Ihr zufolge sind die nördlichen und südlichen Länder des schwarzen Erdteils wichtiger als das weite Zwischenfeld, das von der Sahara bis zu den sogenannten »Frontstaaten« gegenüber der Südafrikanischen Republik reicht.

Nach wechselvollem Verlauf der sowjetischen Einmischungspolitik in den islamischen Staaten Nordafrikas konzentrierten sich die sowjetischen Bemühungen – bei fortbestehendem Interesse an Libyen und Algerien als Anliegerstaaten am bisher noch westlich dominierten Mittelmeer – auf Äthiopien und dessen Brückenfunktion zur gleichfalls sowjetisch beherrschten Volksrepublik Südjemen. Nach den Rückschlägen im Sudan und in Somalia (hier gilt es für den Westen, insbesondere auch für die Bundesrepublik Deutschland, alte und fest verankerte Sympathien zu nutzen und zu vertiefen) hat die Sowjetunion das strategisch wichtige Äthiopien als Stützpunkt an der Enge zwischen Rotem Meer und dem Golf von Aden durch eigene Berater und »Stellvertreter« fest in der Hand.

Im Süden Afrikas gilt das vorrangige sowjetische Interesse selbstverständlich den Gebieten, die für den Westen unverzichtbare Bodenschätze besitzen: Platin, Uran, Gold und Chrom, um nur einige der wichtigsten zu nennen. –
In dieser gedrängten Lagebeurteilung geht es mir einerseits um das Potential und damit um die Verteidigungsfähigkeit Südafrikas, andererseits um Folgerungen, die aus der exponierten Lage dieses Landes von den Westmächten zwangsläufig zu ziehen sind. Ich weiß, daß ich damit »heiße Eisen« anfasse. Aber ich tue dies in der festen Überzeugung, daß ein Verlust Südafrikas ganz entscheidend zur Unterwerfung der gesamten freien Welt unter die Herrschaft des sowjetischen Kommunismus beitragen würde.

Ich habe nicht den geringsten Zweifel, daß die Republik Südafrika auch zukünftig und langfristig in der Lage ist, sich aufgrund ihrer starken wirtschaftlichen und militärischen Überlegenheit jedes Angreifers aus Schwarzafrika, einschließlich kubanischer »Stellvertreter«-Truppen, zu erwehren. Da den Südafrikanern die Mittel zur Herstellung von Atombomben mit Sicherheit zur Verfügung stehen, würden sie gewiß nicht davor zurückschrecken, diese Waffe notfalls auch einzusetzen. Eine südafrikanische Kapitulation vor Schwarzafrika wird es jedenfalls nicht geben. – Andere und gefährliche Akzente für Südafrika erhielte eine Auseinandersetzung zwischen den Schwarzen und den Weissen in Afrika natürlich, wenn die Sowjetunion selbst nicht nut mit Waffenlieferun-

gen, sondern mit eigenen Soldaten eingreifen würde. Wenn ich jedoch recht behalte mit meiner Beurteilung – und ich wiederhole sie an dieser Stelle –, dann wird eine militärische Großaktion der Sowjets in Südafrika, also weit entfernt von den Basen in der Sowjetunion, nicht erfolgen.
Um so intensiver wird die Sowjetunion bestrebt sein, die subversiven Aktivitäten der »Frontstaaten« zu unterstützen.
Ich bin sehr oft gefragt worden, wie ich die zukünftige Entwicklung Südafrikas sehe. Dieser Frage will ich nicht ausweichen. Aus zahlreichen Gesprächen, vor allem mit Südafrikanern selbst, ergibt sich zwingend, daß allein die jetzige oder eine kommende südafrikanische Regierung imstande ist, die internen Spannungen abzubauen und damit die Gefahr innerer Unruhen, die von außen geschürt werden, zu verhindern. Die weißen Südafrikaner werden weitere Konzessionen machen müssen. Dies wird ihnen leichter fallen, wenn die wichtigsten westlichen Staaten, die USA an der Spitze, die einseitige Verdammung Südafrikas aufgeben und sich zu der gemeinsamen Erkenntnis durchringen würden, daß Südafrika im Interesse der ganzen freien Welt aus wirtschaftlichen und strategischen Gründen gehalten werden muß. Ohne Wenn und Aber.
Sicher wird mir entgegengehalten, daß die bisherigen – zugegeben noch zu kleinen – Schritte von der strikten Politik der Apartheid weg beschleunigt werden müßten. Nur so ließen sich die wachsenden Gegenströmungen von außen und auch im Innern des Landes auffangen. Ich stimme zu; ich bin zuversichtlich, weil ich an Möglichkeiten glaube, diese Situation zu ändern und zu meistern. Denn: Verliert der Westen die Rohstoffe Südafrikas und zugleich die Kontrolle der gesam-

ten Schiffsbewegungen um das Kap, dann ist auch der Kampf um Afrika verloren.

Wenn der Westen will..., dann könnte manches anders aussehen in Afrika. Leider fehlt es jedoch bis heute an einer konstruktiven und vorausschauenden westlichen Afrika-Politik. Wenn es wenigstens gelänge, die vom Umfang her gewaltigen westlichen Entwicklungshilfen, die zu jeder Zeit denen des Sowjetblocks weit überlegen waren, so zu koordinieren, daß damit politische Ergebnisse erzielt werden können. Wenn es demgegenüber als »Westliche Konzeption« bezeichnet wird, daß Entwicklungshilfen ohne politische Beeinflussungsabsicht erfolgen müßten, dann begibt sich der Westen freiwillig der Möglichkeit, Gegengewichte – von Stützpunkten wagt in diesem Zusammenhang sowieso kaum jemand zu sprechen – zu erhalten oder auch neue zu schaffen. Es hat mich oft schmerzlich berührt, daß in manchen Ländern Afrikas den Sowjets und ihren »Stellvertretern« ohne Not und natürlich »kampflos« das Feld überlassen wurde.

Dennoch bin ich in diesem Falle nicht pessimistisch. Noch ist für mich »Afrika nicht verloren«. Dabei baue ich nicht so sehr auf baldige Einsichten im Westen, die in ein echtes und erfolgversprechendes Afrika-Konzept münden. Ich vertraue vielmehr auf die schwarzen Afrikaner selbst, die einsehen werden, daß von sowjetischer Seite keine Aufbauhilfe ohne gleichzeitige politische Erpressung gegeben wird. Das mag ein langfristiger Prozess sein – aber er wird sich einstellen. Ich stütze meinen Optimismus nicht zuletzt auf persönliche Gespräche mit afrikanischen Politikern, Chefs der Nachrichten-

und Sicherheitsdienste und hohen Militärs. Dabei habe ich zahlreiche Persönlichkeiten kennengelernt, die – durch ihre Ausbildung stark westlich geprägt – den zukünftigen Weg wichtiger schwarzafrikanischer Länder bestimmen dürften.

Wenn der Westen will und einheitlich handelt, kann er Afrika mit der Mehrheit seiner wirtschaftlich starken Länder an sich ziehen und die sowjetischen Stützpunkte mit den »Stellvertretern« isolieren. Wann endlich – dies frage ich nochmals mit aller Eindringlichkeit – wird es zu gemeinschaftlichen Anstrengungen und Aktionen des Westens kommen, die dem Ringen um die Rohstoffquellen Afrikas eine positive Wende zu geben vermögen?

Der Kampf um die für den Westen lebenswichtige Erdöl-Region –
Sowjetische Aktionen im Nahen und Mittleren Osten

Erscheint mir das Ringen um Afrika noch einigermaßen übersichtlich, auf Schwerpunkte konzentriert und langfristig für den Westen keinesfalls aussichtslos, so bildet der permanente Spannungs- und Krisenherd des Nahen und Mittleren Ostens weit weniger Ansatzmöglichkeiten für eine erfolgversprechende westliche Politik. Neben den sowjetischen Aktivitäten, die ganz eindeutig die Abschnürung des Westens von den für ihn lebenswichtigen Erdölvorkommen bezwecken, ist es die in vieler Hinsicht unberechenbare Kraft des Islams, die in wichtigen Ländern dieses Raumes beherrschend und in ihren extremen Auswirkungen außerordentlich gefährlich ist.

Vor der südlichen Grenze der Sowjetunion liegt mit dem Iran ein erdölreiches Land, das in der strategischen Konzeption der Sowjets seit langem eine große Rolle spielt. Es stellt die Verbindung dar zu den arabischen Ländern des Orients, die – um und gegen Israel – zum Dreh- und Angelpunkt der Weltpolitik in unserer Zeit geworden sind. Diese arabischen Länder besitzen nicht nur in reichem Maße Erdöl, sondern auch strategisch wichtige Positionen am Persischen Golf, am Mittelmeer und am Suez-Kanal.

Kein Wunder, daß die Sowjetunion diese Länder umworben hat und bis heute – trotz mancher Rückschläge – weiterhin für sich zu gewinnen bestrebt ist. Über Äthiopien, das habe ich schon erwähnt, führt eine Brücke zur Volksrepublik Südjemen, dessen bedeutender Hafen Aden zu den wichtigsten sowjetischen Stützpunkten in diesem Raum gehört. Die starke sowjetische Präsenz in Südjemen bietet zugleich Ansatzmöglichkeiten auf Saudi-Arabien, dessen durch Erdöl gewonnener Reichtum in krassem Gegensatz zu den inneren Problemen, insbesondere der erschreckend schwachen Infrastruktur des großen Landes, steht. Ich werde nie vergessen, was ich mit König Saud über die Zukunft Saudi-Arabiens und der ganzen Region gesprochen habe. Der König hatte mich anläßlich seines Deutschland-Besuches empfangen und mir ein prachtvoll verziertes Schwert überreicht.

Damit bin ich mitten in den Problemkreis geraten, der es für den Westen, nicht zuletzt auch für die Bundesrepublik Deutschland, so außerordentlich schwer macht, den sowjetischen Absichten und Aktionen mit wirksamen Maßnahmen zu begegnen. Die traditionelle Freundschaft vieler Europäer, darunter auch der Deutschen, zu den Arabern hat sich weitgehend erhalten. Sie müßte, verbunden mit den natürlichen Abwehrkräften im Islam, zur Verhinderung kommunistischer Überfremdung oder gar Machthoheit führen. Wenn nicht Israel wäre...

Israel ist jedoch eine Realität – und für mich der wichtigste Verbündete und Stützpunkt des Westens im gesamten Nahen und Mittleren Osten. Israel muß – ebenso wie Südafrika – für den Westen eine Basis bleiben, die unter keinen Umständen aufgegeben werden kann. Die Existenz Israels zu sichern, ist für den Westen also oberstes Gebot. Israel sein Lebensrecht zu bestreiten, ist dagegen das ständig betonte Anliegen arabischer Staatsführungen. Israel zu vernichten, lautet als Forderung der Wahlspruch der im anderen Zusammenhang erwähnten »Palästinensischen Befreiungsorganisation« (PLO), die inzwischen auch von westlichen Politikern hofiert wird. Wer meiner Einstellung und Beurteilung zustimmt, wird verstehen, daß ich die schrittweise Annäherung zwischen Ägypten, dem Kernland des arabischen Raumes, und Israel freudig begrüßt habe. Selten habe ich einen Menschen so uneingeschränkt bewundert wie den ägyptischen Präsidenten Sadat, der nach meiner Überzeugung mit seiner Friedenspolitik Weltgeschichte gemacht hat. Natürlich kenne ich seine Gegner und die Widerstände, die seinen Bestrebungen um Aussöhnung entgegenstehen. Es kann durchaus sein, daß Fanatiker ihm längst nach dem Leben trachten. Sollte Sadat ausfallen, dann wird – so muß man es wohl realistisch sehen – auch seine Idee sich kaum mehr durchsetzen können. Ein zweiter Sadat ist jedenfalls nirgends in Sicht.

Die sowjetische Führung weiß – darüber gibt es viele Informationen –, daß eine weitere Verstärkung der Beziehungen zwischen Ägypten und Israel ihr den Zugang zum Suez-Kanal verwehrt. Von Sadat brüskiert, wird die Sowjetunion alles daran setzen, um vor allem Syrien und Libyen in Frontstellung gegen Ägypten und dessen Vereinbarungen mit Israel zu halten. Auch für die Sowjetunion ist und bleibt die Beseitigung Israels das strategische Ziel. Allerdings wird Israel von den Sowjets als militärischer Gegner mit sehr hohem Kampfwert eingeschätzt, dem zudem die Atombombe zur Verfügung steht. Die Sowjets kennen die Israelis und wissen, daß sie nicht zögern würden, die Bombe auch einzusetzen, bevor ihr eigenes Land zerstört wird. – Darüber hinaus müssen die Sowjets mit der amerikanischen Garantie für Israel rechnen. Sie stellt sicher, daß Israel im Interesse der gesamten freien Welt – insoweit vergleichbar mit Berlin – für alle Zeiten gehalten werden muß. Diese besondere Situation um Israel hat die Sowjets nach den mir zugänglichen Informationen veranlaßt, ihre gegenwärtig gültigen und ihre mittelfristigen Absichten und Pläne verstärkt auf die vom Konflikt mit Israel nicht unmittelbar betroffenen arabischen Länder auszurichten.

Es geht für die Sowjets um die erdölreichen Gebiete, den Iran, Saudi Arabien und die Emirate, die – dazu Libyen und Algerien – nach und nach unter sowjetischen Einfluß gebracht werden sollen. Dies kann auf längere Sicht nur dadurch gelingen, daß allmählich auch Kräfte im Innern der erwähnten Länder durch Einwirkung von außen, Einschleusung von Agitatoren und Infiltranten (z.B. als »Gastarbeiter«) mobilisiert werden. Sicher ist mit einem langwierigen Prozess zu rechnen. Es wäre aber verfehlt, wenn sich der Westen in diesem Falle allzu sehr darauf verlassen würde, daß die Religion auf Dauer kommunistischen Einfluß verhindern kann. Die verbotenen kommunistischen Parteien in den arabischen Ländern arbeiten – so lauten meine letzten Informationen – verstärkt illegal, die Zahl ihrer Anhänger und Sympathisanten wächst.

Hoffentlich erkennt der Westen, der ohnehin in diesem Dauererkrisenherd nur wenig echte Einfluß- oder gar Einwirkungsmöglichkeiten besitzt, solche Alarmzeichen. Nach meiner Meinung sollte einerseits noch viel mehr getan werden, um die Beziehungen zwischen Ägypten und Israel zu fördern und abzusichern. Andererseits müssen jedoch gleichzeitig die traditionellen freundschaftlichen Verbindungen zur Mehrzahl der arabischen Länder intensiviert und durch massive wirtschaftliche Hilfen abgestützt werden. Auf diesem Gebiet den kommunistischen Ländern eindeutig voraus, könnte der Westen, im Verbund mit einer zukunftsorientierten Erdölpolitik, mit großer Wahrscheinlickeit den Aufbau weiterer sowjetischer Stützpunkte in diesem Raum erheblich erschweren, wenn nicht verhindern. Im Gegensatz zu meiner gedämpften optimistischen Prognose über die Entwicklung in Afrika fürchte ich jedoch, daß es im Nahen und Mittleren Osten schon zu spät ist. Die Entwicklung zuungunsten des Westens scheint mir zu weit fortgeschritten, um gefährlichen internen Entwicklungen und überdeckenden sowjetischen Einflüssen noch Einhalt gebieten zu können. Auch für dieses Schlüsselgebiet der Weltpolitik zeichnet sich, wen wundert es noch, keine gemeinsame Konzeption des Westens ab. Einmal mehr überwiegen die Eigeninteressen, wobei natürlich die unheilvolle Rolle des Öls zur Spaltung und Verhinderung gemeinsamen Handelns wesentlich beiträgt.

Die Sowjetunion kann sich Zeit lassen. Israel ist ihr ein Dorn im Auge. Davon abgesehen, sieht es jedoch aus sowjetischer Sicht gut aus: So wie bisher schon jahrzehntelang, wollen die Sowjets den Krisenherd Nah-Mittel-Ost mit seinen vielfältigen Ansatzmöglichkeiten auch weiterhin aufrechterhalten. Eine Zeit lang hatte ich gehofft, daß Sadats mutiger Schritt auf Israel zu die Situation stabilisieren könnte. Meine Hoffnungen haben sich nicht erfüllt. Der Nahe und Mittlere Osten bleibt, ohne daß ich dies in seiner komplexen Problematik auch nur annähernd erschöpfend darstellen konnte, der für den Westen lebensgefährliche Raum.

Es ist unmöglich, diesen Abschnitt abzuschließen, ohne eine mir zwingend erscheinende Forderung an die westliche Führungsmacht zu äußern: Die USA müssen Vorbereitungen treffen, um im Notfall in dieser Region mit militärischen Mitteln einzugreifen und damit das Risiko für die Sowjetunion zu vergrößern. – Wahrscheinlich wird man mich nun einmal mehr bezichtigen, ein »militärischer Schwarzseher« und »Besserwisser« zu sein. Ich wäre wahrlich froh, wenn ich keine Notwendigkeit zu ernster Warnung sähe.

In meinen anschließenden Schlußbetrachtungen werde ich versuchen, die negative Bilanz dieses Abschnitts und meine

Forderung an die USA in den weltweiten Zusammenhang zu rücken.

Herausforderung durch die Sowjets –
Forderungen an den Westen
Die Bedeutung und Verpflichtung der Bundesrepublik
Deutschland für die Verteidigung Westeuropas

Die sowjetische Globalstrategie, von der kommunistischen Ideologie getragen und in ihrer Zielsetzung unverändert, ist das beherrschende Element der Weltpolitik. Die für die Sowjetunion in vieler Hinsicht günstige Entwicklung in den vergangenen Jahrzehnten hat dazu geführt, daß ein Überleben der nichtkommunistischen Länder nur durch den Zusammenschluß und die gemeinsame Bereitschaft aller Kräfte zur Verteidigung und Bewahrung der Freiheit erreicht werden kann.
Während die Sowjetunion die Erdteile als Operationsräume mit unterschiedlich fortgeschrittenen Einflußsphären und Aufmarschgebieten betrachtet, gilt ihr Hauptinteresse weiterhin vorrangig Westeuropa. Eine Beurteilung der Weltlage, wie ich sie in den vorangestellten Abschnitten, hauptsächlich bezogen auf Westeuropa und seine Lebensinteressen, versucht habe, kann deshalb nur zu ganz bestimmten konkreten Forderungen führen. Ich will sie abschließend nochmals zusammenfassen und dabei vor allem auch die Verpflichtung für die Bundesrepublik Deutschland zur uneingeschränkten Mitwirkung festschreiben.

Für mich gilt als unumstößliche Tatsache, daß die Verdrängung der USA als Schutzmacht aus Europa zu den Hauptzielen der Sowjetunion gehört. Wahrscheinlich ist es das wichtigste Ziel überhaupt. Um so notwendiger ist, dies möchte ich allem andern voranstellen, die Aufrechterhaltung des NATO-Bündnisses mit allen sich daraus ergebenden Konsequenzen. Der Verbleib der amerikanischen Streitkräfte in Europa muß nicht nur gesichert, sondern so verfestigt werden, daß eine unverbrüchliche Schicksalsgemeinschaft entsteht. Wenn es daran bis heute noch immer mangelt, dann sind Unentschlossenheit und Uneinigkeit der europäischen Bündnispartner in erster Linie daran schuld. Ich bin aber der Ansicht, daß auch das Fehlen einer hervorragenden Führerpersönlichkeit an der Spitze der USA härtere westliche Antworten und Reaktionen auf die permanenten Herausforderungen und Provokationen durch die Sowjets erschwert hat. Präsident Kennedy hat damals den Aufbau von Raketenstellungen auf Kuba verhindert, Nixon durch Beendigung des Vietnam-Krieges wieder Spielraum für flexible westliche Gegenmaßnahmen geschaffen. Carter ist jedoch seiner Führungsrolle bisher nicht gerecht geworden. Hoffentlich wird er bald begreifen, daß die Sowjets noch immer eines am besten verstehen: Klare Entschlüsse und energisches Handeln.

Was den Westen eint, darf nicht die gemeinsame Furcht vor der sowjetischen Bedrohung, sondern muß das Bewußtsein eigener Stärke sein, die sich gegenüber dem weltweiten Machtanspruch der Sowjets behaupten kann. Dieses Selbstbewußtsein ist durch wirtschaftliche Entwicklungen und technologische Fortschritte, so wichtig und wertvoll sie sein

mögen, allein nicht zu erreichen. Letztlich zählt im Kräftevergleich unserer Zeit nur das militärische Gewicht.
Niemand bestreitet mehr ernsthaft den erheblichen Rüstungsvorsprung, den die Sowjets Zug um Zug vor allem gegenüber Westeuropa erreicht haben. Skrupellos hat die Sowjetunion stets ihre Streitkräfte als Mittel der Politik genutzt – sie wird es in noch stärkerem Maße als bisher gegenüber Westeuropa tun, wenn nicht durch rasch erfolgende Gegenmaßnahmen ein Ausgleich der drückenden Überlegeheit der Streitkräfte des Warschauer Paktes erreicht wird. Während im Zeichen der »friedlichen Koexistenz« Entspannung geheuchelt wurde, lief die sowjetische Rüstungsmaschinerie auf Hochtouren.

Mit ihrer etwa 1000 km langen Grenze zum sowjetischen Machtbereich befindet sich die Bundesrepublik Deutschland von allen NATO-Staaten in der weitaus schwierigsten wehrgeographischen Lage. Ein sowjetischer Angriff mit Landstreitkräften, wie ich ihn kurz als »Übungsbeispiel« erwähnt habe, würde sie zuerst und mit aller Wucht treffen. Auch wenn ich einen europäischen Kriegsschauplatz auf absehbare Zeit ausschließe – es wäre angesichts der bestehenden Bedrohung unverantwortlich, sich notwendigen Forderungen zur Verstärkung der Abwehrkraft zu verschließen.
Nachdem zahlreiche sowjetische Mittelstreckenraketen vom Typ SS-20 (Reichweite bis zu 5000 km) auf strategische Ziele in Westeuropa gerichtet sind, ist es fahrlässig, sich der Stationierung weiterer amerikanischer Atomwaffen, darunter auch moderner Mittelstreckenraketen, in Westeuropa zu widersetzen. Ich habe keine Zweifel an der Wirksamkeit der »Fle-

xible Reponse«, die eine »massive Vergeltung« durch die interkontinentalen Waffensysteme der USA gewährleistet. Die Abschreckung des potentiellen Gegners kann aber garnicht drastisch und vielfältig genug zum Ausdruck und zur Geltung gebracht werden. Ich vertrete auch die Auffassung, daß zur Eindämmung des weltweiten sowjetischen Machtstrebens die militärische Zusammenarbeit der NATO mit der VR China und mit Japan verstärkt werden muß. Im Gegensatz zu anderen außereuropäischen Ländern, mit denen bündnisähnliche Verbindungen gleichfalls wichtig sind – genannt seien nur Lateinamerika, Australien und Neuseeland – verfügen diese beiden Mächte in unterschiedlicher Weise über Potentiale, die eine weitere Ausdehnung sowjetischer hegemonialer Ambitionen und Bestrebungen zu verhindern vermögen. Nach langem Zaudern und Zögern sollte sich der Westen endlich bereit finden, die VR China nicht nur in verstärkter Form wirtschaftlich zu unterstützen. Durch Lieferung moderner Waffen und enger Zusammenarbeit auf militärischem Gebiet kann vielmehr den Sowjets der Eindruck vermittelt werden, daß die VR China im Falle weltweiter Auseinandersetzungen eine ernstzunehmende »zweite Front« darstellt. Die Sowjetunion versteht, ich wiederhole es, diese Form von Machtpolitik sehr gut. Sie kennt wohl nur dieses eine »Trauma«: Den Zwei– oder gar Mehrfrontenkrieg.– Auch Japan ist – im Hinblick auf die außerordentliche Bedeutung der im Pazifik operierenden Teile der »Roten Flotte« – ein wichtiger natürlicher Bündnisgenosse, dessen See- und Luftstreitkräfte in einen Gesamtoperationsplan miteinbezogen werden sollten. Ich habe es gerade deshalb sehr begrüßt, daß sich in Japan endlich der Wille zur verstärkten Selbstverteidigung durchgesetzt hat.

Bei allen Überlegungen dieser Art denke ich natürlich in keinem Augenblick an militärische Präventivoperationen. Westliche Bündnisse dienen allein der Verteidigung. Ich vertrete jedoch die Auffassung, daß die USA außer den Streitkräften, die sie heute bereits außerhalb ihres eigenen Territoriums stationiert haben, eine mobile Einsatzreserve in Stärke von 2 – 3 Divisionen bilden sollten. Diese Kräfte könnten – neben Luft- und Seestreitkräften – auch in Räumen eingesetzt werden, deren Freiheit und Unversehrtheit für den Westen unverzichtbar sind. Natürlich könnten die USA verlangen, daß in diese weltweit verfügbare Einsatztruppe auch Teile der in der Bundesrepublik Deutschland eingesetzten amerikanischen Divisionen einbezogen werden müssen. In diesem Falle hätten die europäischen Bündnispartner der NATO die Verpflichtung, ausfallende Einheiten zu ersetzen.

Mir fehlt aufgrund aller Erkenntnisse und langjähriger Erfahrungen ganz einfach der Glaube an eine wirkliche Rüstungsbeschränkung und an eine spätere umfangreiche Abrüstung, wie sie – im Grunde natürlich in höchstem Maße wünschenswert – auch heute noch nicht von wenigen Politikern für möglich gehalten wird. Auch sowjetische Angebote und sogar mögliche »Vorleistungen« sollten die Verantwortlichen nicht dazu verleiten, in der expansiv angelegten sowjetischen Global-Strategie »friedliebende« Züge zu erkennen.

Ich rechne damit, daß meine Vorschläge und Forderungen als Provokation der Sowjetunion mißgedeutet werden könnten.

Dies liegt mir natürlich völlig fern. Nur das Bemühen um einen langanhaltenden, wenn möglich um einen dauerhaften Frieden kann das Ziel der westlichen Politik sein. Vom Bündnis geschützt, muß die Bundesrepublik Deutschland ihren Beitrag leisten, um in der weltweiten Auseinandersetzung mit dem aggressiven Kommunismus sowjetischer Prägung und seinem Machtstreben auch weiterhin in Freiheit zu bestehen.
Ich glaube nicht an einen dritten Weltkrieg, aber ich fürchte, daß begrenzte und verdeckte Kriege, ausgelöst durch die Sowjetunion, das kommende Jahrzehnt bestimmen werden. Ich glaube, daß die freie Welt imstande ist, Frieden und Freiheit zu erhalten – durch Einheit und durch Stärke.

Anmerkung:
Aus rechtlichen Gründen wurden einige Passagen des Manuskripts von Reinhard Gehlen mit dessen vorher erklärtem Einverständnis vom Lektorat des Verlages unwesentlich verändert, ohne den Aussagewert seines Buches zu beeinträchtigen.